O JUSTO 1
A justiça como regra moral e como instituição

Paul Ricoeur

Tradução
IVONE C. BENEDETTI

SÃO PAULO 2019

Esta obra foi publicada originalmente em francês com o título
LE JUSTE I
por Éditions Esprit, Paris.
Copyright © Éditions Esprit 1995.
Copyright © 2008, Livraria Martins Fontes Editora Ltda.,
São Paulo, para a presente edição.

"Cet ouvrage, publié dans le cadre du Programme d'Aide à la Publication Carlos Drummond de Andrade de l'Ambassade de France au Brésil, bénéficie du soutien du Ministère français des Affaires Etrangères et Européennes."
"Este livro, publicado no âmbito do programa de participação à publicação Carlos Drummond de Andrade da Embaixada da França no Brasil, contou com o apoio do Ministério francês das Relações Exteriores e Europeias."

1ª edição 2008
2ª tiragem 2019

Tradução
IVONE C. BENEDETTI

Acompanhamento editorial
Luzia Aparecida dos Santos
Revisões
Maria Luiza Favret
Mauro de Barros
Produção gráfica
Geraldo Alves
Paginação
Studio 3 Desenvolvimento Editorial

Dados Internacionais de Catalogação na Publicação (CIP)
(Câmara Brasileira do Livro, SP, Brasil)

Ricoeur, Paul
O justo 1 : a justiça como regra moral e como instituição / Paul Ricoeur ; tradução Ivone C. Benedetti. – São Paulo : WMF Martins Fontes, 2008.

Título original: Le juste I.
ISBN 978-85-7827-015-5

1. Direito – Filosofia 2. Ética 3. Justiça 4. Justiça (Filosofia) I. Título. II. Série.

08-00609   CDU-340.114

Índices para catálogo sistemático:
1. Justiça : Direito 340.114

Todos os direitos desta edição reservados à
Editora WMF Martins Fontes Ltda.
Rua Prof. Laerte Ramos de Carvalho, 133 01325-000 São Paulo SP Brasil
Tel. (11) 3293-8150 e-mail: info@wmfmartinsfontes.com.br
http://www.wmfmartinsfontes.com.br

ÍNDICE

Prefácio 1

Quem é o sujeito do direito? 21
Conceito de responsabilidade. Ensaio de análise semântica 33
É possível uma teoria puramente procedimental da justiça? A propósito de *Uma teoria da justiça* de John Rawls 63
Depois de *Uma teoria da justiça* de John Rawls 89
A pluralidade das instâncias de justiça 111
Juízo estético e juízo político segundo Hannah Arendt . 133
Interpretação e/ou argumentação 153
O ato de julgar 175
Condenação, reabilitação, perdão 183
Consciência e lei. Implicações filosóficas 199

PREFÁCIO

> O eqüitativo, em sendo justo, não é, porém, o justo segundo a lei, mas sim um corretivo da justiça legal. Isto porque a lei é sempre algo geral, e há casos em que não é possível formular um enunciado geral que se lhes aplique com certeza [...] Assim, percebe-se claramente o que é o eqüitativo, que o eqüitativo é justo e é superior a certa espécie de justo.
>
> Aristóteles, *Éthique à Nicomaque*, V, 15 (trad. fr. J. Tricot).

I

Os textos reunidos neste volume não constituem propriamente capítulos de um livro. São conferências proferidas em diversas instituições (arroladas na bibliografia), todos sob a pressão – benéfica – de programas cuja problemática fora por mim escolhida. No entanto, trata-se de textos que não se reduzem absolutamente a escritos circunstanciais. Neles tive a oportunidade de expressar uma de minhas mais antigas preocupações de professor de filosofia, a saber, a pouca importância dada em nossa disciplina às questões pertinentes ao plano jurídico, em comparação com a atenção dispensada às questões referentes à moral ou à política. Essa negligência surpreende sobretudo por ser relativamente recente. A *República* de Platão está tão associada à questão da justiça, que a tradição converteu essa idéia em subtítulo do célebre diálogo. Aristóteles, por sua vez, em suas *Éticas* dedica uma análise detalhada à virtude da justiça. Na aurora dos tempos modernos, foi em relação às teorias do direito natural que se determinaram as teorias contratualistas do vínculo social. As filosofias de Hobbes, Maquiavel e Adam Smith só são teorias políticas porque propõem explicações para a origem e a finalidade do direito. Leibniz e Kant compõem tratados expressamente dedicados ao direito. E como deixar de mencionar os *Principes de la philosophie du droit* de

Hegel, que tantas vezes serviram por si sós de base para as reflexões dos filósofos profissionais de minha geração sobre a seqüência *moral-direito-política*? Mas, mesmo então, o principal objeto de nossas preocupações era o elo entre a ética e a política, deixando-se de lado a questão jurídica específica.

Como explicar essa negligência quase geral? O choque produzido pela recrudescência da violência durante o horrível século XX explica em grande parte essa ocultação da problemática jurídica por aquela que se pode qualificar em termos gerais de ético-política. Contudo, essa ocultação prejudica ambas as disciplinas em questão, uma vez que a segunda culmina na questão da *legitimidade* da ordem em virtude da qual o Estado serve de obstáculo à violência, mesmo que a expensas da outra violência da qual o próprio poder político proveio e cujos estigmas ele não deixa de carregar: o fracasso do Terror não teria relação alguma com a incapacidade da Revolução Francesa de se estabilizar numa constituição que teria garantido sua perenidade? E porventura toda a filosofia política de Hegel não se vincula à questão da constituição? No entanto, se não demos importância a esse problema da legitimidade da ordem constitucional que define o Estado como Estado de direito – conforme fiz, porém, em alguns dos textos reunidos em *Lectures I: autour du politique* –, não terá sido porque, em vez de nos determos mais no *tópos* da filosofia hegeliana do direito, nós preferimos deixar que nosso olhar fugisse para os lados da filosofia da história que, no texto de Hegel, se segue à sua teoria do Estado, visto que já não existe regime constitucional que crie obstáculos às relações violentas entre Estados que se apresentam no teatro do mundo como grandes indivíduos violentos? Passado o limiar em que a filosofia da história reassumia a problemática do direito, recomeçava a dramaturgia da guerra a consumir toda a nossa energia intelectual, à custa da reiterada confissão da incompreensibilidade de princípio do mal político. Longe de mim deplorar, muito menos reprovar, o retorno obstinado ao problema eminentemente histórico do mal político, visto que eu mesmo para ele contribuí[1]. Foi então com a intenção de resistir à tendência incentivada pelo espírito do tempo que me propus, desde alguns anos, agir direito com o direito, fazer justiça à justiça. Nesse sentido, foi determinante meu encontro com o Institut des hautes études pour la justice (IHEJ). Ali me voltei para a questão do injusto e do justo no plano em que a reflexão sobre a questão jurídica corria menos risco de ser prematuramente arregimentada por uma filosofia da política, filosofia esta abocanhada por uma filosofia da história, por sua vez assombrada pelo tormento impiedosamente fomentado e sustentado pela aporia do mal político. Na École nationale de la magistrature eu encontrava, realmente, o *jurídico* na feição precisa do *judiciário*, com suas leis escritas, seus tribunais, seus juízes, seu cerimonial do processo e, coroando tudo, o pronunciamento da sentença na qual o *direito é dito* nas circunstâncias de uma causa, de um caso, eminentemente singular. Assim, fui levado a acreditar que o jurídico, apreendido com os traços do judiciário, oferecia ao filósofo a oportunidade de refletir sobre a especificidade do direito, em seu *lugar* próprio, a meio caminho entre a moral (ou a ética: já que os matizes que separam as duas expressões não importam neste estágio preliminar de nossa reflexão) e a política. Para imprimir um cunho dramático à oposição que faço aqui entre uma filosofia política, na qual a questão do direito é ocultada pela obsessão da presença incoercível do mal na história, e uma filosofia em que o direito seria reconhecido em sua especificidade não violenta, proponho dizer que a *guerra* é o tema lancinante da filosofia política, e *a paz*, o da filosofia do direito. Isto porque, ainda que o conflito – portanto, de certo modo a violência – continue dando ocasião à intervenção judiciária, esta se presta a ser definida pelo conjunto dos dispositivos por meio dos quais o conflito é elevado ao nível de processo, estando este, por sua vez, centrado num debate de palavras, cuja incerteza inicial é finalmente deslindada por uma palavra que expres-

---

1. Cf. "Le paradoxe politique", in *Lectures I*, Paris, Éd. du Seuil, 1991.

sa o direito. Existe, pois, um *lugar* da sociedade – por mais violenta que esta continue, por origem e costume – onde a palavra sobrepuja a violência. É verdade que autores e réus não saem pacificados das dependências do tribunal. Para tanto, precisariam ter sido reconciliados, ter percorrido até o fim o caminho do reconhecimento. Conforme foi dito na conferência realizada na Corte de cassação, que recebeu o simples título de "O ato de julgar[2]", a finalidade de curto prazo desse ato é deslindar um conflito, ou seja, pôr fim à incerteza; sua finalidade de longo prazo é contribuir para a paz social, ou seja, para a consolidação da sociedade como empresa de cooperação, passando-se por provas de aceitabilidade que extrapolam as dependências do tribunal e põem em jogo o público universal, tão freqüentemente mencionado por Ch. Perelman.

É bem verdade que não pretendo deixar-me iludir pela dramatização retórica que opõe a problemática política da guerra à problemática jurídica da paz: sugerirei, de modo mais sutil, a idéia da prioridade cruzada entre as duas problemáticas: porventura a paz não é também o horizonte final da política pensada como cosmopolítica? E a injustiça – portanto, afinal, a violência –, por acaso não é também a situação inicial que o direito procura transcender, sem conseguir, como se dirá no ensaio dedicado ao futuro da "condenação" e às decepções da "reabilitação[3]"?

II

No testemunho de nossa memória parece ser possível encontrar pelo menos um sintoma eloqüente – na falta de uma prova decerto inalcançável – de que a destinação pacífica da esfera jurídica (destinação à qual o fenômeno judiciário confere especial visibilidade) é, de certa maneira,

---

2. Cf. adiante, pp. 175 a 181.
3. Cf. adiante, pp. 183 a 197.

tão originária quanto o pendor à violência exibido pelo mal político: encontramo-lo quando nossa memória se esforça por restituir vigor a nossos primeiríssimos contatos com a questão do injusto e do justo. Propositadamente, ao evocar lembranças de infância, cito o injusto antes do justo – tal como, aliás, o fazem com freqüência, de modo visivelmente intencional, Platão e Aristóteles. Nosso primeiro ingresso na região do direito não terá sido marcado pelo grito: É injusto! É esse o grito da *indignação,* cuja perspicácia às vezes é assombrosa, se medida pelos parâmetros de nossas hesitações de adultos instados a pronunciar-nos sobre o justo em termos positivos. A indignação perante o injusto vai muito além daquilo que John Rawls chama de "convicções ponderadas", cujo auxílio nenhuma teoria da justiça pode recusar. Ora, procuremos lembrar quais foram as situações típicas em que nossa indignação se inflamou. Foram, por um lado, as das divisões desiguais, que achávamos inaceitáveis (ah! o modelo da divisão do bolo em partes iguais, modelo que talvez nunca tenha deixado de freqüentar nossos sonhos de distribuição justa, a ponto de levar a um impasse a teoria da justiça!). Foram, por outro lado, as das promessas não cumpridas que abalavam pela primeira vez a confiança inocente que depositávamos na palavra, na qual – aprenderíamos mais tarde – assentam todas as trocas, todos os contratos, todos os pactos. Foram também as das punições que nos pareciam desproporcionais a nossos supostos furtos, ou dos elogios que víamos arbitrariamente feitos a outros, enfim, das retribuições imerecidas. Recapitulemos esses motivos de indignação: retribuições desproporcionais, promessas traídas, divisões desiguais. Não distinguimos nisso, retrospectivamente, algumas das linhas gerais da ordem jurídica: direito penal, direito dos contratos e das trocas, justiça distributiva? Mais que isso: não discernimos na indignação uma expectativa precisa, a da palavra que instauraria entre os antagonistas a *justa distância* que daria fim a seu corpo-a-corpo? Nessa confusa expectativa da vitória da palavra sobre a violência consiste a intenção moral da indignação.

Mas então por que não ficar na indignação? O que falta a esta para igualar-se a um autêntico sentido da justiça? Não bastará dizer que ainda fazem falta os critérios positivos do justo. É preciso também identificar o obstáculo que impede a conquista daquilo que acabamos de chamar de *justa distância* entre os antagonistas das partilhas, das trocas e das retribuições que nossa indignação denuncia como injustas. Esse obstáculo é o desejo de vingança, ou seja, a pretensão de fazer justiça com as próprias mãos, com o risco de somar violência a violência, sofrimento a sofrimento. A grande conquista, nesse aspecto, consiste na separação entre vingança e justiça. Em lugar do curto-circuito da vingança, a justiça põe o distanciamento dos protagonistas, cujo símbolo em direito penal é o estabelecimento de uma distância entre crime e castigo. Ora, de que modo tal distância pode ser instituída, senão pela entrada em cena de um terceiro que não seja um dos protagonistas? Propõe-se uma grande equação, e o justo começa a distinguir-se do não injusto: a equação entre justiça e imparcialidade. Justa distância, mediação por um terceiro e imparcialidade se enunciam como os grandes sinônimos do senso de justiça para cujo caminho a indignação nos conduziu desde a mais tenra idade.

Nas páginas anteriores, citei primeiro os motivos de minha preocupação relativamente recente de subtrair a análise do fenômeno jurídico à tutela do ético-político. Sem sair do plano das motivações, em seguida procurei em nossas recordações de infância um testemunho de ordem, digamos, ontogenética, prestado à antiguidade de nossa exigência de justiça. Chegou a hora de tentar passar dessas motivações presentes e passadas para as razões capazes de legitimar o discurso racional sobre o injusto e o justo, pressuposto na empresa judiciária. Se, nos últimos anos, consegui desenvolver as reflexões contidas nesta obra, às vezes à custa de certa tecnicidade que exigirá a atenção necessária a um discurso argumentativo, foi porque o *lugar* filosófico do justo já estava indicado e delimitado na "pequena ética" de *Soi-même comme un autre*. O que proponho evidenciar na seqüência deste prefácio são os elos de dependência entre os estudos aqui contidos e as estruturas conceituais dos três estudos que compõem aquela ética.

III

O leitor pouco familiarizado com a obra na qual é recapitulado o essencial de meu trabalho filosófico sem dúvida ficará grato se eu reconstituir para seu proveito as linhas gerais das três seções de *Soi-même comme un autre* (estudos VII, VIII e IX) que, juntas, constituem minha contribuição para a filosofia moral.

A arquitetura daqueles capítulos assenta na intersecção de dois eixos, portanto de dois percursos diferentes de leitura. O primeiro – digamos o eixo "horizontal" – é o da constituição *dialógica* do *Si* (ou, conforme propus, da *ipseidade*, que oponho à simples *mesmidade*, para caracterizar a espécie de identidade que convém ao si). O segundo, "vertical", é o da constituição hierárquica dos *predicados* que qualificam a ação humana em termos de moralidade. O *lugar* filosófico do justo situa-se, assim, em *Soi-même comme un autre,* no ponto de intersecção desses dois eixos ortogonais e dos percursos de leitura que eles demarcam. Retomemos as coisas de modo menos abrupto.

Para começar, adotemos a leitura "horizontal" cuja temática, como acabamos de dizer, é a constituição dialógica do si. Uma teoria filosófica do justo encontra, assim, sua primeira base na asserção segundo a qual o si só constitui sua identidade numa estrutura relacional que faz a dimensão dialógica prevalecer à dimensão monológica, que um pensamento herdeiro da grande tradição da filosofia reflexiva seria tentado a privilegiar. Mas essa menção do outro, já no limiar de uma reflexão sobre a constituição do si, continuaria sendo uma grande banalidade e, sobretudo, não bastaria para marcar o lugar onde a questão da justiça pode ser encontrada, se, já de saída, não distinguíssemos duas acepções distintas da noção de outro ou outrem. O primeiro outro, se assim se pode dizer, oferta-se em seu rosto, em sua voz, com os quais se dirige a mim, interpelando-me na segunda pessoa do singular. Esse outro é o das relações interpessoais. E a amizade, oposta nesse contexto à justiça, é a virtude emblemática dessa relação imediata que realiza o milagre de um intercâmbio de papéis entre seres insubstituíveis. Tu és o tu que me diz tu, a quem respondo, como gosta de repetir Emmanuel Lévinas: "Eis-me" – eu, no caso acusativo. No entanto, por mais maravilhosa que seja, a virtude da amizade não poderia cumprir as tarefas da justiça, nem sequer engendrá-la como virtude distinta. A virtude da justiça se estabelece com base numa relação de distância com o outro, tão originária quanto a relação de proximidade com outrem ofertado em seu rosto e em sua voz. Essa relação com o outro é, ouso dizer, imediatamente mediada pela *instituição*. O outro, segundo a amizade, é o *tu*; o outro, segundo a justiça, é o *cada um,* conforme indica o adágio latino: *suum cuique tribuere,* a cada um o que é seu.

Mais adiante exploraremos, no segundo eixo desse percurso de leitura, as conotações desse pronome distributivo presente em toda concepção da sociedade como empresa de distribuição de papéis, tarefas, benefícios e deveres. A bem da verdade, já encontramos esse *cada um* nas situações exemplares nas quais nossa indignação juvenil se inflamava contra a injustiça: divisões desiguais, descumprimento da palavra dada, retribuições iníquas – circunstâncias estas institucionais, no sentido mais amplo do termo, em que a justiça se anuncia como distribuição justa. Não será diferente nas situações infinitamente complexas nas quais as interações humanas são enquadradas pelos subsistemas que Jean-Marc Ferry, em Les *puissances de l'expérience,* chama de "ordens do reconhecimento". A todos esses graus de complexidade a justiça se anuncia, segundo expressão de Rawls, com que se inicia sua *Theorie de la justice,* como "a primeira virtude das instituições sociais". Nesse aspecto, o caso das instituições judiciárias é peculiar, mas peculiarmente favorável a uma determinação mais rigorosa do *cada um segundo a instituição*: com a instituição do tribunal, o processo põe em confronto partes que são constituídas como "outras" pelo procedimento judiciário; ou melhor, a instituição se encarna na personagem do juiz, que, colocado como terceiro entre as partes do processo, desempenha o papel de terceiro em segundo grau; ele é o operador da justa distância que o processo institui entre as partes. O juiz, na verdade, não é o único que desempenha essa função de terceiro em segundo grau. Mesmo sem cedermos a um pendor excessivo pela simetria, poderíamos dizer que o juiz está para o jurídico assim como o mestre de justiça está para a moral e para o príncipe, ou como qualquer outra figura personalizada do poder soberano está para a política. Mas é apenas na figura do juiz que a justiça se dá a reconhecer como "primeira virtude das instituições sociais".

IV

Contudo, é só com referência ao segundo eixo – o "vertical" – que se pode falar com razão em arquitetura conceitual, em se tratando da filosofia moral exposta em *Soi-même comme un autre*. É tão pregnante a distribuição em três níveis dos predicados que determinam aquilo que Charles Taylor chama de "avaliações fortes" da ação em *The Sources of the Self*, que foi ela decisiva para a divisão em três capítulos de meus estudos dedicados à moralidade.[4]

No primeiro nível, o predicado que qualifica moralmente a ação é o predicado *bom*. O ponto de vista a que está relacionado esse predicado pode ser chamado de teleológico, uma vez que bom designa o *télos* de uma vida inteira em busca daquilo que alguns agentes humanos podem consi-

---

4. Espero mostrar mais adiante que a mesma distribuição determina a ordenação dos textos aqui reunidos, ainda que as circunstâncias nas quais eles foram produzidos não possibilitassem levar em conta a cada vez o eventual lugar que ocupavam na hierarquia em níveis de minha filosofia moral.

derar como uma consecução, um coroamento feliz. Não é indiferente o fato de a palavra *vida* ser pronunciada no contexto de uma filosofia da ação. Ela lembra que a ação humana é carreada pelo desejo e, correlativamente, pela carência, e que é em termos de desejo e carência que se pode falar de querer uma vida realizada. Esse nexo entre vida, desejo, carência e realização constitui o fundamento da moralidade. E a ele reservo, por convenção de linguagem, o termo ética. É assim que defino a ética como querer uma vida boa.

Em que medida essa primeira determinação da moralidade com o predicado *bom* se correlaciona com uma investigação em torno do justo? Na medida em que a tríade situada no eixo "horizontal" considerado acima, tríade cujo terceiro membro é o *cada um* mediado pela instituição, encontra a primeira formulação na leitura teleológica da constituição moral da ação. Retomo aqui a fórmula que proponho em *Soi-même comme un autre*: querer uma vida realizada com e para os outros em instituições justas. A justiça, segundo essa leitura, faz parte integrante do querer viver bem. Em outras palavras, o querer viver em instituições justas situa-se no mesmo nível de moralidade que a vontade de realização pessoal e que a de reciprocidade na amizade. O justo é, em primeiro lugar, objeto de desejo, carência, querer. Enuncia-se num modo optativo antes de se enunciar no imperativo. Essa é a marca de seu enraizamento na vida (na vida como *bíos,* e não como *zoé*). Claro, não há vida humana que não deva ser "examinada", segundo o adágio socrático. E é a necessidade desse exame que, em convergência com outros quesitos que veremos, obriga a subir do ponto de vista teleológico ao ponto de vista deontológico. O fato é que o que exige exame é a vida, a maneira de levar a vida. A primeira indagação de ordem moral não é "que devo fazer?", mas "como eu gostaria de levar a vida?". Que a questão do justo pertence a essa interrogação é coisa que Aristóteles já atestava no início de *Ética nicomaquéia*, ao afirmar que a pretensão à felicidade não detém sua trajetória na solidão – e, acrescentarei, na amizade –, mas no meio da cidade. A política, tomada em sentido amplo, constituía então a arquitetônica da ética. Dizemos a mesma coisa numa linguagem mais próxima de Hannah Arendt: é no *interesse**** que o querer viver bem encerra seu percurso. É como cidadãos que nos tornamos humanos. O querer viver em instituições justas não significa outra coisa.

A tese do primado da abordagem teleológica na determinação da idéia do justo encontra eco na própria composição da coletânea de textos aqui reunidos. Sem levar em conta a cronologia de sua publicação, iniciamos o volume com dois estudos que enfatizam o enraizamento da idéia de justiça no solo da *antropologia filosófica*. O estudo introduzido pela pergunta: "Quem é o sujeito do direito?" é organizado em torno da idéia de *capacidade*, mais precisamente da idéia de ser humano capaz (de falar, agir, narrar, considerar-se responsável por seus atos). O estudo seguinte é dedicado mais especificamente à última dessas noções mencionadas, a de "responsabilidade": nele se afirma que o leque de empregos mais recentes desse termo pode abrir-se em torno do pólo constituído pela idéia de *imputação*, a saber, a idéia de que a ação pode ser atribuída ao agente considerado como seu verdadeiro autor. Essas duas idéias, de *capacidade* e *imputabilidade*, tratadas indiferentemente uma pela outra nas conferências que lhes são respectivamente dedicadas, ganham novo valor ao serem aproximadas, como fiz neste prefácio, sob a égide de uma abordagem teleológica da idéia de justo. Recolocadas no trajeto da vontade de vida boa, elas revelam que constituem as duas pressuposições antropológicas complementares de uma ética do justo.

V

Prosseguiremos nossa trajetória ascendente de nível em nível. Ao predicado *bom*, pertencente ao nível teleológi-

---

* Latim *inter-sum, inter-es, inter-esse* = estar entre. [N. da T.]

co, segue-se, em nível deontológico, a referência ao predicado *obrigatório*. É o nível da norma, do dever, da proibição. Assim como a filosofia moral não pode se abster da referência ao bem, ao querer a vida boa, com o risco de ignorar o enraizamento da moral na vida, no desejo, na carência e no querer, também parece inevitável a transição do querer para o imperativo, do desejo para a proibição. Por quê? Pela razão fundamental de que a ação implica uma capacidade de fazer que se efetiva no plano interativo como *poder* exercido por um agente *sobre* outro agente que é seu receptor. Esse *poder sobre* outrem dá ensejo permanente à violência em todas as suas formas: desde a mentira, em que só o instrumento da linguagem parece maltratado, até a imposição de sofrimentos, culminando na imposição da morte violenta e na prática horrível da tortura, em que a vontade de humilhar supera a de fazer sofrer. Em suma, é em razão do *prejuízo* que o homem inflige ao homem que o juízo moral formulado sobre a ação deve somar ao predicado bom o predicado obrigatório, geralmente na configuração negativa do proibido. Nesse aspecto, uma investigação eletivamente orientada para a idéia de justo não poderia aqui ser apanhada de surpresa. O que dissemos acima sobre a anterioridade da conscientização do injusto à do justo é confirmado e legitimado neste ponto. Com o que nos indignamos, em se tratando de partilhas, trocas e retribuições, senão com o *prejuízo* que os seres humanos se infligem reciprocamente por ocasião do *poder-sobre* que uma vontade exerce em relação a outra vontade?

Mas, embora constitua a *circunstância* principal da transição do ponto de vista teleológico para o ponto de vista deontológico, o fato da violência não faz as vezes de *argumento* a favor do predicado obrigatório. Falta fazer e dizer tudo no que se refere à consistência desse predicado.

Duas notas expressas acima, independentemente uma da outra, unindo-se, podem levar ao caminho da tese decisiva. Na esteira de nossas reflexões sobre a indignação, dizíamos que é na condição de *imparcialidade* que a indignação

PREFÁCIO

pode libertar-se do desejo de vingança que incita a vítima a fazer justiça com as próprias mãos. Notávamos um pouco mais acima que na figura do *juiz* como terceiro no segundo grau se encarna a norma de justiça mencionada no contexto anterior. Aproximemos as duas notas. O que cria o elo entre a imparcialidade do julgamento e a independência do juiz, senão a referência à lei? E assim chegamos ao cerne do ponto de vista deontológico. O que *obriga* na obrigação é a reivindicação de *validade universal* vinculada à idéia de lei.

Em *Soi-même comme un autre* procedo à expansão dos significados implícitos nessa reivindicação de validade universal vinculada à idéia de lei, tomando uma segunda vez por guia a tríade constituída por próprio, próximo e distante. Não retomarei aqui a argumentação de estilo kantiano graças à qual a tríade de primeiro nível pode ser reescrita nos termos de uma tríade de segundo grau, que coincide essencialmente com as três fórmulas do imperativo kantiano: universalização da máxima da ação, respeito à humanidade em minha pessoa e na pessoa do outro e instauração de uma ordem dos fins cujos sujeitos seriam, ao mesmo tempo, os legisladores. Prefiro concentrar-me na importante mutação pela qual passa o sentido de justiça ao transitar do ponto de vista teleológico para o ponto de vista deontológico. O que está em jogo aí é principalmente o estatuto *formal* que se vincula à reivindicação universal, quando a lei não é simplesmente lei moral, mas lei jurídica. Lembro aqui em poucas palavras a tese que defendo em *Soi-même comme un autre*, que recebeu uma primeira ampliação no artigo de 1991, transcrito em *Lectures I, Autour du politique*, com o título "Le juste entre le légal et le bon[5]".

Não só a idéia do justo não encontra no nível deontológico uma consistência tal que lhe possibilite libertar-se de qualquer referência ao bom (e, acrescentaremos adiante, de qualquer recurso à instância da sabedoria prática),

---

5 Esse ensaio retoma a palestra dada em 21 de março de 1991 durante a sessão inaugural do Institut des hautes études judiciaires (IHEJ).

como também razões atinentes ao próprio teor da reivindicação de universalidade fazem-na dividir-se entre a referência indelével ao bem e a atração que sobre ela exerce o estatuto puramente procedimental das operações constitutivas da prática legal[6].

Para levar a cabo a minha argumentação, adoto, de algum modo por precaução, a descrição de sociedade feita por John Rawls em *Théorie de la justice*, sociedade que ele considera como uma vasta empresa de distribuição de bens, desde os bens mercantis, tais como remunerações, patrimônios, benefícios sociais, passando pelos bens não mercantis, tais como cidadania, segurança, saúde, educação, até as posições de comando, autoridade e responsabilidade exercidas em instituições de todas as espécies. Todos esses bens constituem alvos de distribuição. Ora, tal distribuição é problemática por consistir, no essencial, em partilhas aritmeticamente desiguais. A questão então é saber se existem partilhas desiguais mais justas, ou menos injustas, do que outras. Todos conhecem a solução de Rawls: consiste basicamente em associar o ponto de vista deontológico à tradição contratualista na qual o recurso a procedimentos aceitos de partilha ratifica a decisão própria à abordagem deontológica em geral de não fazer referência à consistência substancial dos bens por distribuir. Para tanto, imagina-se uma situação original irreal na qual os parceiros situados, por hipótese, numa relação mútua de *fairness* escolhem, entre vários princípios, princípios de justiça passíveis de aceitação por todos. O caráter procedimental da operação que governa a escolha da regra de justiça e consiste, como se sabe, em maximizar a parcela mínima em todas as partilhas desiguais, resulta assim da conjunção do ponto de vista deontológico com a forma particularíssima de contratualismo ligada à hipótese da situação original no âmbito da fábula do véu de ignorância. A tese que proponho então à discussão, que me agra-

---

6. Donde o título "Le juste entre le légal et le bon", do ensaio que não pôde ser reproduzido aqui pelo fato de já ter sido transcrito em *Lectures I*.

daria converter no segundo teorema de minha teoria do justo, após o teorema segundo o qual o senso de justiça está organicamente ligado ao querer vida boa, é a tese de que o senso de justiça, elevado ao formalismo exigido pela versão contratualista do ponto de vista deontológico, não poderia tornar-se inteiramente autônomo em relação à referência ao bem, em razão mesmo da natureza do problema criado pela idéia de distribuição justa, a saber, a consideração da heterogeneidade real dos bens por distribuir. Em outras palavras, o nível deontológico, considerado com razão como o nível *privilegiado* de referência da idéia de justo, não poderia tornar-se autônomo a ponto de constituir o nível *exclusivo* de referência.

É sob a égide desse segundo teorema que acreditamos poder agrupar certo número de ensaios, o primeiro dos quais retoma de modo mais crítico a questão resumida há pouco, a de saber se "é possível uma teoria puramente procedimental da justiça". Esse ensaio foi seguido por um exame sucinto dos trabalhos de Rawls posteriores a *Théorie de la justice*, nos quais esse autor especifica as condições culturais e políticas nas quais a teoria da justiça pode fazer parte da prática das sociedades democráticas; sem renegar argumentos formais que bastam para a elaboração de uma *teoria* da justiça, os acréscimos e as correções propostas por Rawls, com uma honestidade intelectual exemplar, orientarão nossa própria discussão para o lado das condições de exercício da justiça, que eu reúno adiante sob o terceiro ponto de vista de minha teoria moral, ponto de vista que coloco sob a égide da sabedoria prática.

É à contestação frontal ao formalismo procedimental de Rawls que dedico o estudo seguinte sobre as teorias consistentes na forte defesa do *pluralismo* das instâncias de justiça. Nele faço convergir as teses de Michael Walzer, em *Spheres of Justice*, representativas daquilo que, do outro lado do Atlântico, é chamado "contextualismo" ou "comunitarismo", e a tese de Luc Boltanski e Laurent Thévenot, na qual é proposto outro desmembramento da idéia de justiça, considerada indivisível, dessa vez a partir da idéia de *justificação*, em provas de qualificação pertinentes a *economias* diferenciadas da *grandeza*.

Outra questão, diferente da questão da indivisibilidade da idéia de justiça, inseparável de seu estatuto formal, vem à tona nesses dois estudos, ou seja, a de saber se a *cidadania* – portanto, as modalidades de pertença ao corpo político – também constitui um bem partilhável, homogêneo com aqueles cuja rápida enumeração fizemos. A questão política é assim reintroduzida por uma reflexão sobre o justo, que primitivamente se queria subtrair à tutela da problemática do poder, da soberania, da violência e do mal político. Não direi que essa é a ocasião da vingança da política; direi simplesmente que ela não se deixa esquecer, e que seu caráter enigmático sai fortalecido das tentativas feitas de alinhá-la com outros focos de juridicidade, ajudada por um desmembramento premeditado da idéia unitária de justiça. O "todo jurídico", encorajado pela proliferação das instâncias de justiça, fracassa tanto quanto o "todo político" do qual quiséramos inicialmente nos dissociar.

É mais tênue o elo entre esse grupo de estudos e o estudo que lhe acrescentamos, no qual se vê Hannah Arendt tentando derivar uma teoria do juízo político da teoria kantiana do juízo de gosto, em *Critique de la faculté de juger*. Além de minha admiração várias vezes expressa pela obra de Hannah Arendt, o que me inclinou a incluir esse estudo neste volume e nesse lugar é a referência importante ao "ato de julgar" – título escolhido pela própria Arendt para o terceiro tomo de sua grande trilogia (infelizmente condenada a ficar inacabada), *Thinking, Willing, Judging*. Exigia a ambição deste volume lembrar que o ato de julgar não está encerrado nas dependências dos tribunais, conforme poderia erroneamente sugerir nossa própria insistência em fazer do judiciário o foco privilegiado do jurídico. Foi bom que um retorno ao Kant da terceira *Critique* levasse de volta ao foco de nosso exame a problemática do *juízo reflexivo* que, no próprio Kant, engloba, além do juízo de gosto, o juízo teleológico e, através dele, toda a filosofia kantiana da história. Sugere-se assim que a teoria da justiça poderia ser retomada, num novo esforço, dentro da própria problemática amplamente kantiana, caso deslocássemos o ângulo de ataque da *Critique de la raison pratique* para a *Critique de la faculté de juger*.

VI

Em certo sentido essa exigência é satisfeita pelo grupo de estudos que colocamos no terceiro ponto de vista, distinguido em *Soi-même comme un autre* do ponto de vista teleológico e do ponto de vista deontológico com o título de *sabedoria prática*. Aproveito a oportunidade dessa transição para alertar meus leitores contra a tendência a confinar minha contribuição para a discussão do problema moral à oposição entre abordagem teleológica e abordagem deontológica. Eu diria, contrariando essa tendência redutora, que os dois estudos de *Soi-même comme un autre* (VII e VIII) dedicados aos dois níveis do juízo moral, regidos pelos predicados bom e obrigatório, a meu ver constituem apenas exercícios preparatórios para o confronto, que afinal me causa mais preocupação, com as situações que vinculo globalmente ao *trágico da ação*. É nessa etapa que a consciência moral, em seu foro íntimo, é instada a propor decisões singulares, tomadas num clima de incerteza e de grave conflituosidade. É à estrutura do juízo moral em situação singular que se dedica o estudo crucial (estudo IX) situado sob o signo da sabedoria prática. Com essa designação temos o retorno da virtude aristotélica da *phrónesis*, reinterpretada por Heidegger e Gadamer. A tese esboçada acima, segundo a qual o ponto de vista deontológico não poderia eclipsar o ponto de vista teleológico no plano de uma teoria geral da justiça, encontra assim complemento na tese segundo a qual o justo qualifica, em última instância, uma decisão singular tomada num clima de conflito e incerteza. Com a *íntima convicção* encerra-se o percurso da busca de justiça, iniciada com o querer viver em instituições justas e ratificada pela norma de justiça cuja imparcialidade o formalismo procedimental vem garantir.

Cabe-me agora dizer que, se minha própria reflexão sobre o justo encontrou sua referência privilegiada na instituição judiciária, foi porque nela se lê claramente a exigência de levar a idéia de justo até a fase terminal do processo, na qual o direito é proferido aqui e agora. Mas incidiríamos no erro inverso ao da exclusividade do formalismo, caso considerássemos a problemática da *aplicação* da norma não só como uma problemática menor, mas também insignificante aos olhos de uma teoria jurídica digna desse nome. Pode-se ser levado a essa depreciação errônea tanto por uma concepção puramente mecânica da aplicação da norma a um caso, quanto por uma concepção discricionária do pronunciamento da sentença. Toda a problemática, que me arrisco a qualificar com o adjetivo *fronética,* consiste em explorar a zona *média* na qual se forma o juízo, a meio caminho entre a prova, submetida à injunção lógica, e o sofisma, motivado pelo gosto de seduzir ou pela tentação de intimidar. Essa zona média pode ser designada com vários nomes, segundo as estratégias aplicadas: *retórica,* uma vez que a retórica, segundo definição de Aristóteles, consiste em dar uma "réplica" à dialética, entendida esta como uma doutrina dos raciocínios prováveis; *hermenêutica,* uma vez que esta soma a aplicação à compreensão e à explicação; *poética,* uma vez que a invenção da solução apropriada à situação singular é da alçada daquilo que, desde Kant, denominamos imaginação produtiva, para distinguir da imaginação simplesmente reprodutiva[7].

Eu diria hoje que, no juízo reflexivo da terceira *Critique* kantiana, se acumulam os três traços distinguidos por estas três disciplinas: probabilidade, subsunção (ou aplicação) e inovação. Então, o terceiro teorema da concepção do justo

---

7. Cf. "Rhéthorique, poétique, herméneutique", in *Lectures II,* pp. 479-493, Paris, 1992.

exposta nos estudos deste volume é que o senso da justiça, que se mantém enraizado no querer a vida boa e encontra a formulação racional mais ascética no formalismo procedimental, só chega à plenitude concreta no estágio da aplicação da norma no exercício do julgamento em situação.

É em torno desse teorema que podem ser agrupados os quatro estudos que constituem o terceiro grupo de textos aqui reunidos. A ordem seguida dentro desse grupo atende a duas preocupações: a de marcar a especificidade epistemológica do ato de julgar e a de seguir o desenrolar desse ato até sua conclusão no tempo.

Assim, no ensaio intitulado "Interpretação e/ou argumentação", vinculamos à fase do *debate,* no âmbito do processo judiciário, a problemática que acabamos de colocar sob a égide do juízo reflexivo. De fato, é nessa etapa que se percebe melhor o confronto e a imbricação entre *argumentação,* na qual predomina a lógica do provável, e a *interpretação,* na qual prevalece o poder inovador da imaginação na própria produção dos argumentos.

Daí se passa, no estudo seguinte, para o momento em que é pronunciada a palavra que diz o direito: é o momento do *ato de julgar* no sentido específico do termo. O julgamento não tem apenas um teor lógico como ato de discurso, mas um teor moral, uma vez que a finalidade última do ato de julgar, consistindo em sua contribuição para a paz cívica, extrapola a finalidade de curto prazo do ato que põe fim à incerteza.

Por mais fortes que sejam as questões implicadas nessa reflexão que nos leva de volta a nossas considerações iniciais sobre o confronto entre paz e guerra travado na junção entre jurídico e político, não quisemos nos deter no sonho de paz que constitui de alguma forma a utopia do direito. No estudo intitulado "Condenação, reabilitação, perdão", nós nos propusemos seguir o destino ulterior do ato de julgar, para além do ato de proferir a sentença, ou seja, na *execução* da pena. Quisemos assim confirmar que o querer viver em instituições justas e, em particular, em instituições judiciárias eqüitativas só seria satisfeito se a aplicação não se limitasse a subsumir um caso a uma norma, mas terminasse seu percurso na própria aplicação da pena. Parece-nos que, ao cabo e ao fim, é nas medidas de reabilitação que possibilitem ao condenado recuperar-se na plenitude de suas capacidades jurídicas e do exercício de sua cidadania que o ato de julgar presta homenagem à sua finalidade última: fortalecer a paz cívica.

Foi colocado no fim o ensaio intitulado "Lei e consciência", pela simples razão de que as duas noções aproximadas nesse título designam, respectivamente, as duas grandes problemáticas entre as quais se divide a teoria da justiça: problemática do *si*, em busca de sua identidade moral, problemática dos *predicados* que preside à qualificação moral da ação humana.

Demos como título a esta coletânea de artigos o simples adjetivo substantivado *O justo*. O termo é aplicado a pessoas, ações e instituições. De todas elas podemos dizer que são injustas ou justas. Mas de outro ponto de vista, o do nível no qual se forma *o ato de julgar,* o mesmo predicado é passível de distribuição entre várias acepções. No plano teleológico do querer viver bem, o justo é o aspecto do *bom* relativo ao outro. No plano deontológico da obrigação, o justo se identifica com o *legal*. Falta dar um nome ao justo no plano da sabedoria prática, plano no qual se exerce o julgamento em situação; proponho a resposta: o justo já não é o bom nem o legal, é *o eqüitativo.* O eqüitativo é a figura assumida pela idéia de justo nas situações de incerteza e de conflito ou, resumindo, no regime ordinário ou extraordinário do *trágico da ação*.

Quem é o sujeito do direito?

Gostaria de mostrar que a questão jurídica formal "quem é o sujeito do direito?" não se distingue, em última análise, da questão moral formal "quem é o sujeito digno de estima e respeito?" (distinguirei os dois termos adiante). E a questão moral formal remete, por sua vez, a uma questão de natureza antropológica: quais são as características fundamentais que tornam o *si* (*self, Selbst, ipse*) *capaz* de estima e respeito?

Esse procedimento retroativo, que conduz do direito à moral e da moral à antropologia, convida a concentrar-nos, para começar, na especificidade da pergunta *quem?* em relação às perguntas *o quê?* e *por quê?* A pergunta *o quê?* incita à descrição; a pergunta *por quê?*, à explicação; quanto à pergunta *quem?*, incita à identificação. É na natureza desta última operação, pressuposta em todas as discussões sobre a identidade (seja de pessoas, seja de comunidades históricas), que me deterei na primeira parte de minha contribuição. Isto porque, examinando as formas mais fundamentais da pergunta *quem?* e respostas a essa pergunta, somos levados a conferir sentido pleno à noção de sujeito *capaz*. Caberá então na segunda parte percorrer na ordem ascendente as mediações de ordem interpessoal e institucional que possibilitam a transição do sujeito capaz a um sujeito de pleno direito que se expressa no plano moral, jurídico e político.

Sujeito capaz

A noção de *capacidade* será fulcral em minha comunicação. A meu ver, ela constitui o referente último do respeito moral e do reconhecimento do homem como sujeito de direito. Se é possível atribuir-lhe essa função, isso decorre de seu nexo íntimo com a noção de identidade pessoal ou coletiva.

A maneira mais direta de pôr à mostra esse nexo é tratar as diferentes asserções sobre a identidade pessoal ou coletiva como respostas a uma série de perguntas que implicam o pronome relativo *quem?* Quem é aquele que fala? Quem realiza esta ou aquela ação? De quem é a história aqui narrada? Quem é responsável por esse dano ou esse mal feito a outrem?

A pergunta *quem fala?* é sem dúvida a mais primitiva, uma vez que todas as outras implicam o uso da linguagem. Somente alguém capaz de designar-se pessoalmente como o autor de suas enunciações pode dar resposta a essa pergunta. O exame desse ponto pertence a uma pragmática do discurso, ilustrada pela conhecida teoria dos *speech-acts*. Também é preciso dar a essa pragmática um prolongamento reflexivo, a fim de remontar da multiplicidade dos atos de enunciação ao ato pelo qual o enunciador se designa como o pólo idêntico ou – utilizando outra metáfora husserliana – o foco de irradiação de um número indefinido de atos de fala.

É do mesmo modo que se formula a segunda pergunta com quem? *Quem é o autor de tal ação?* A pergunta o quê?, conforme sugerimos acima, é satisfeita com uma descrição que implica verbos de ação, e a pergunta por quê?, com uma explicação de causas ou motivos. A questão da atribuição da ação a alguém é de outra ordem e responde à pergunta quem? Strawson e Hart falam, nesse aspecto, de *ascription*, que eu diria *atribuição (assignation)*. A identificação de um agente, portanto a atribuição a alguém de uma ação ou de um segmento de ação, é uma operação freqüentemente difícil, por exemplo quando alguém se propõe avaliar o grau de implicação desta ou daquela pessoa numa empresa complexa que reúna vários agentes. Esse problema apresenta-se constantemente no plano do conhecimento histórico ou em procedimentos jurídicos que tenham em vista identificar singularmente o indivíduo responsável que será eventualmente obrigado a reparar um dano ou a submeter-se à pena por um ato delituoso ou criminoso. Tal como no caso precedente do discurso, a capacidade de um agente humano para se designar pessoalmente como autor de seus atos tem um significado considerável para a atribuição ulterior de direitos e deveres. Chegamos aqui ao cerne da idéia de capacidade, a saber, do poder-fazer, aquilo que em inglês é designado com o termo *agency*. Infelizmente, o vocabulário filosófico nesse ponto é paupérrimo: ou nos contentamos com metáforas (o agente, segundo sugestão de Aristóteles, é o "pai" de suas ações, tal como é pai de seus filhos; é também o seu "senhor"), ou voltamos ao uso mais primitivo da idéia de causa eficiente; esta, expulsa da física desde Galileu e Newton, volta de alguma maneira a seu local de nascimento, que é a experiência do poder exercido sobre nossos membros e, através destes, sobre o curso das coisas. Esse poder de intervenção é pressuposto pelo conceito ético-jurídico de imputação, essencial à atribuição de direitos e deveres.

 Damos um passo a mais na exploração da noção de sujeito capaz ao introduzirmos, com a dimensão temporal da ação e da própria linguagem, o componente narrativo da identidade pessoal ou coletiva. O exame da noção de identidade narrativa dá ensejo a distinguir a identidade do si da identidade das coisas; esta última se reduz em última instância à estabilidade e até à imutabilidade de uma estrutura, ilustrada pela fórmula genética de um organismo vivo; a identidade narrativa, em contrapartida, admite a mudança; essa mutabilidade é a mutabilidade das personagens das histórias que contamos; essas personagens são urdidas simultaneamente à própria história. Essa noção de identidade narrativa é da maior importância para a pesquisa da identidade dos povos e das nações; pois ela contém o mesmo caráter dramático e narrativo que freqüentemente podemos confundir com a identidade de uma substância ou de uma estrutura. No nível da história dos povos, assim como no dos indivíduos, a contingência das peripécias contribui para o significado global da história contada e para o significado de seus protagonistas. Esse reconhecimento implica desfazer-se de um preconceito referente à identidade reivindicada pelos povos sob a influência da arrogância, do medo ou do ódio.

Atinge-se um último estágio na reconstituição da noção de sujeito capaz com a introdução de predicados éticos ou morais, associados ora à idéia de *bem*, ora à de *obrigação* (prefiro reservar a qualificação de ético à primeira espécie de predicados, e a de moral à segunda espécie; mas a discussão desse ponto não importa aqui). Esses predicados aplicam-se primordialmente a ações que julgamos e consideramos boas ou más, permitidas ou proibidas; aplicam-se, ademais, reflexivamente aos próprios agentes aos quais imputamos essas ações. É aqui que a noção de sujeito capaz atinge seu mais elevado significado. Nós mesmos somos dignos de estima ou respeito desde que capazes de considerar boas ou más, de declarar permitidas ou proibidas as ações alheias ou nossas. Um sujeito de imputação resulta da aplicação reflexiva dos predicados "bom" e "obrigatório" aos próprios agentes.

Acrescentarei duas observações a essas considerações. Em primeiro lugar, gostaria de sugerir que há um nexo de implicação mútua entre a auto-estima e a avaliação ética de nossas ações que visem à "vida boa" (no sentido de Aristóteles), assim como há um nexo entre o auto-respeito e a avaliação moral dessas mesmas ações submetidas à prova da universalização das máximas da ação (no sentido de Kant). Juntos, auto-estima e auto-respeito definem a dimensão ética e moral do si-mesmo, na medida em que caracterizam o homem como sujeito de imputação ético-jurídica.

Em segundo lugar, gostaria de dizer que a estima e o respeito por si mesmo não se somam simplesmente às formas de autodesignação consideradas acima, mas as incluem e, de alguma maneira, as recapitulam. Por isso, pode-se perguntar: na qualidade de quê podemos nos estimar ou respeitar? Primeiramente, por sermos capazes de nos designarmos como locutores de nossas enunciações, agentes de nossas ações, heróis e narradores das histórias que contamos sobre nós mesmos. A essas capacidades se somam as que consistem em avaliar nossas ações em termos de "bom" e "obrigatório". Estimamo-nos como capazes de estimar nossas próprias ações, respeitamo-nos por sermos capazes de julgar imparcialmente nossas próprias ações. Assim, auto-estima e auto-respeito dirigem-se reflexivamente a um sujeito capaz.

Estrutura dialógica e institucional do sujeito do direito

O que falta ao sujeito capaz, cujos níveis de constituição acabamos de percorrer, para que ele seja um *verdadeiro* sujeito de direito? Faltam-lhe as condições de atualização de suas aptidões. Estas precisam da mediação contínua de formas interpessoais de alteridade e de formas institucionais de associação para se tornarem poderes reais aos quais corresponderiam direitos reais. Especifiquemos. Antes de deduzirmos as conseqüências dessa afirmação para a filosofia política e para a filosofia do direito, é preciso esclarecer o que se acaba de chamar formas interpessoais de alteridade e formas institucionais de associação. O exame deve incidir não só na necessidade de mediação, que pode ser chamada de mediação do outro em geral, mas também na necessidade do desdobramento da própria alteridade em alteridade interpessoal e alteridade institucional. Para uma filosofia dialogal, é tentador limitar-se às relações com outrem, que se costuma situar sob o emblema do diálogo entre "eu" e "tu"... Somente essas relações merecem ser qualificadas de interpessoais. Mas a esse face-a-face falta a relação com o *terceiro,* que parece tão primitiva quanto a relação com o *tu.* Esse ponto é da maior importância, se quisermos entender a passagem da noção de homem capaz para a de sujeito real de direito. Isto porque somente a relação com o terceiro, situado no plano de fundo da relação com o tu, confere base à mediação institucional exigida pela constituição de um sujeito real de direito, em outras palavras, de um cidadão. Ora, essas duas necessidades – a de mediação pela alteridade em geral e a da distinção entre o outro como tu e o outro como terceiro – podem ser estabelecidas no plano da antropologia fundamental no qual nos baseamos para elaborar a noção de sujeito capaz.

É em cada um dos quatro níveis nos quais nos situamos sucessivamente que podemos mostrar a necessidade de uma constituição triádica a reger a passagem da capacidade à efetivação. Voltemos ao primeiro nível de nossa análise antropológica do homem capaz, ao nível do sujeito falante. Pusemos a tônica principal na capacidade do locutor de se designar como enunciador único de suas enunciações múltiplas. Mas fingimos ignorar que é no contexto da interlocução que um sujeito de discurso pode identificar-se e designar-se. Dentro desse contexto, a um locutor em primeira pessoa corresponde um destinatário em segunda pessoa. A enunciação, conseqüentemente, é no mínimo um fenômeno bipolar, que liga um *eu* e um *tu*, cujos lugares podem ser trocados, sem que as pessoas deixem de ser insubstituíveis. O domínio dos pronomes pessoais não será completo enquanto as regras dessa troca não forem plenamente entendidas. Esse pleno domínio contribui do seguinte modo para o surgimento de um sujeito de direito: *assim como eu*, o outro pode designar-se como *eu* ao falar. A expressão *assim como eu* já anuncia o reconhecimento do outro como meu igual em termos de direitos e deveres. Dito isso, vemos logo em seguida que essa análise, na qual o outro figura apenas como um *tu*, fica truncada. Não só lhe falta o ele/ela da tríade dos pronomes (aquele ou aquela de quem se fala), mas também lhe falta a referência ao próprio instituto da linguagem, na qual se enquadra a relação interpessoal do diálogo. Nesse sentido, ele/ela representa o instituto, na medida em que este engloba todos os locutores de uma mesma língua natural que não se conheçam e só estejam interligados pelo reconhecimento das regras comuns que distinguem uma língua de outra. Ora, esse reconhecimento não se reduz apenas à adoção das mesmas regras por todos, mas comporta a confiança que cada um deposite na *regra de sinceridade*, sem a qual o intercâmbio lingüístico seria impossível. Espero que cada outro queira dizer o que está dizendo, *means what he/she says*, essa confiança assenta o discurso público numa base fiduciária na qual o outro aparece como terceiro, e não mais simplesmente como tu. A bem da verdade, essa base fiduciária é mais que uma relação interpessoal, é a condição institucional de toda e qualquer relação interpessoal.

A mesma relação triádica eu/tu/terceiro é encontrada no plano que distinguimos pela pergunta *quem age?*, quem é o autor da ação? A capacidade de alguém se designar como autor de suas próprias ações está de fato inserida num contexto de *interação* no qual o outro figura como meu antagonista ou meu coadjuvante, em relações que oscilam entre o conflito e a interação. Mas inúmeros outros estão implicados em toda empresa. Cada agente está interligado a esses outros pela intermediação de *sistemas sociais* de diversas ordens. Tal como Jean-Marc Ferry, é possível designar com a expressão "ordens do reconhecimento" as grandes organizações que estruturam a interação: sistemas técnicos, sistemas monetários e fiscais, sistemas jurídicos, sistemas burocráticos, sistemas pedagógicos, sistemas científicos, sistemas de comunicação de massas etc. É sobretudo como um desses sistemas que o sistema democrático aparece na seqüência das "ordens do reconhecimento" (adiante, voltaremos a esse ponto, que pode dar ensejo a um paradoxo). O fato de o reconhecimento ser o cerne dessa organização é coisa que deve ser lembrada em contraposição a uma abstração sistemática da qual seja banida a consideração das iniciativas e intervenções graças às quais as pessoas defrontam os sistemas. Inversamente, o fato de a organização dos sistemas sociais ser a mediação obrigatória do reconhecimento é coisa que deve ser afirmada em contraposição a um comunitarismo personalista que sonhe em reconstruir o elo político com base no modelo do elo interpessoal ilustrado pela amizade e pelo amor.

Seria possível duvidar de que a identidade narrativa apresente a mesma estrutura ternária do discurso e da ação. De modo algum. As histórias de vida estão a tal ponto imbricadas umas nas outras, que a narrativa que cada um faz ou recebe de sua própria vida se torna o segmento das outras narrativas que são as narrativas dos outros. Podemos então considerar as nações, os povos, as classes e as comunidades de todos os tipos como instituições que se reconhecem, cada uma por si e umas às outras, por sua identidade narrativa. É assim que a própria história, no sentido de historiografia, pode ser vista como uma instituição destinada a manifestar e preservar a dimensão temporal das ordens do reconhecimento que acabamos de considerar.

Chegamos agora ao nível propriamente ético da autoestima. Já ressaltamos sua contribuição para a constituição de um sujeito capaz, capaz essencialmente de imputação ético-jurídica. Ora, o caráter intersubjetivo da responsabilidade tomada nesse sentido é evidente. O exemplo da promessa ajudará a compreendê-lo. Nela, o outro está implicado de vários modos: como beneficiário, como testemunha, como juiz e, mais fundamentalmente, como aquele que, contando comigo, com a minha capacidade de cumprir a palavra, me chama à responsabilidade, me torna responsável. É nessa estrutura de confiança que se insere o elo social instituído pelos contratos, pelos pactos de todos os tipos, que conferem estrutura jurídica às palavras dadas mutuamente. O princípio de que os pactos devem ser observados constitui uma regra de reconhecimento que ultrapassa o face-a-face da promessa de pessoa a pessoa. Essa regra engloba qualquer um que viva sob as mesmas leis, e, em se tratando do direito internacional ou humanitário, a humanidade inteira. O defrontante já não é o tu, mas o terceiro designado de modo notável pelo pronome *cada um,* pronome impessoal, mas não anônimo.

Chegamos ao ponto em que o âmbito *político* aparece como o meio por excelência de realização das potencialidades humanas. Os meios pelos quais ele exerce essa função consistem, em primeiro lugar, na instauração daquilo que Hannah Arendt chamava de "espaço público de visibilidade". Essa expressão prolonga um tema proveniente do Iluminismo, o de "publicidade" no sentido de trazer a lume, sem injunções nem dissimulações, toda a rede de fidelidades dentro da qual cada vida humana desenrola sua breve história. Essa noção de *espaço público* expressa principalmente a condição de pluralidade resultante da extensão das relações inter-humanas a todos aqueles que, na qualidade de terceiros, ficam fora do face-a-face entre o *eu* e o *tu*. Por sua vez, essa condição de pluralidade caracteriza o querer-conviver de uma comunidade histórica – povo, nação, região, classe etc. –, querer irredutível às relações interpessoais. É a esse querer-conviver que a instituição política confere uma estrutura distinta de todos os sistemas caracterizados acima como "ordens do reconhecimento". Tal como Hannah Arendt, ainda, chamaremos de *poder* a força comum que resulta desse querer-conviver, força que existe tão-somente durante o tempo em que este último é efetivo, conforme nos dão prova negativa as experiências terrificantes do desbaratamento, nas quais o elo é desfeito. Conforme indica a palavra, o poder político, através de todos os níveis de poder considerados acima, apresenta-se em continuidade com o poder por meio do qual caracterizamos o homem capaz. Em contrapartida, a esse edifício de poderes ele confere uma perspectiva de duração e estabilidade, e, mais fundamentalmente, projeta o horizonte da paz pública compreendida como tranquilidade da ordem.

Agora é possível indagar quais valores éticos específicos pertencem a esse nível propriamente político da instituição. Pode-se dizer, sem hesitar, a justiça. "A justiça – escreve Rawls, no início de *Théorie de la justice** – é a primeira

---

* Trad. bras. *Uma teoria da justiça*, São Paulo, Martins Fontes, 4.ª ed., 2008.

virtude das instituições sociais, assim como a verdade é a primeira virtude dos sistemas de pensamento". Ora, quem é o defrontante da justiça? Não o tu identificável por teu rosto, mas *cada um* na qualidade de *terceiro*. "A cada um o que lhe cabe", esse é seu lema. A aplicação da regra de justiça às interações humanas supõe a possibilidade de considerar a sociedade como um vasto sistema de distribuição, ou seja, de partilha de papéis, encargos e tarefas, muito além da simples distribuição de valores mercantis no plano econômico. A justiça, nesse aspecto, tem a mesma extensão das "ordens do reconhecimento" de que falamos acima.

Não entrarei aqui na discussão do princípio ou dos princípios da justiça, que me afastaria de meus propósitos[1].

Prefiro ater-me à pergunta que abriu caminho para esta investigação: quem é o sujeito do direito? Elaboramos duas respostas. Dissemos no início que o sujeito do direito é o mesmo que o sujeito digno de respeito, e que, no plano antropológico, esse sujeito encontra definição na enumeração das capacidades atestadas nas respostas que damos a uma série de perguntas com *quem?*, culminando na pergunta: a quem a ação humana pode ser imputada? Depois demos uma segunda resposta, de acordo com a qual essas capacidades permaneceriam virtuais, ou até mesmo seriam abortadas ou recalcadas, na ausência de mediações interpessoais e institucionais, figurando o Estado entre estas últimas, num lugar que se tornou problemático.

A primeira resposta corrobora uma certa tradição liberal, segundo a qual o indivíduo precede ao Estado; os direitos vinculados às capacidades e às potencialidades de que falamos constituem direitos *do homem,* no sentido preciso do termo, ou seja, direitos vinculados ao homem na qualidade de homem, e não na qualidade de membro de uma comunidade política concebida como fonte de direitos po-

---

1. Cf. adiante "É possível uma teoria puramente procedimental da justiça?" (pp. 63 a 88), "Depois de *Uma teoria da justiça* de John Rawls" (pp. 89 a 110), e "Pluralidade das instâncias da justiça" (pp. 111 a 132).

sitivos. Em compensação, a versão ultra-individualista do liberalismo é falsa, uma vez que não leva em conta a etapa antropológica do poder-dizer, do poder-fazer, do poder-narrar, do poder-imputar, em suma, do *posso* fundamental e múltiplo do homem que atua e sofre a ação, e tem em mira referir-se diretamente às realizações efetivas dos indivíduos que, conforme se pode admitir, são contemporâneos do direito positivo dos Estados. Em conclusão, percebe-se a importância da distinção entre capacidade e realização. Ela determina a distinção entre duas versões do liberalismo. Segundo uma, cuja expressão mais notável se encontra na tradição do *Contrat social*, o indivíduo é já um sujeito de direito completo antes de entrar na relação contratual; ele cede direitos reais, que então se chamam naturais, em troca da segurança, como em Hobbes, ou da civilidade ou da cidadania, como em Rousseau e Kant. Por isso mesmo, sua associação com outros indivíduos num corpo político é aleatória e revogável. Não é o que ocorre na outra versão do liberalismo político que tem minha preferência. Sem a mediação institucional, o indivíduo é apenas um esboço de homem; para sua realização humana é necessário que ele pertença a um corpo político; nesse sentido, essa pertença não é passível de revogação. Ao contrário. O cidadão oriundo dessa mediação institucional só pode querer que todos os humanos gozem como ele essa mediação política que, somando-se às condições *necessárias* pertinentes a uma antropologia filosófica, se torna uma condição *suficiente* da transição do homem capaz ao cidadão real.

Conceito de responsabilidade
Ensaio de análise semântica

O estudo* que proponho é de ambição limitada: dei-lhe o nome de "Ensaio de análise semântica", ou melhor, de "semântica conceitual", no sentido dado por R. Koselleck a esse termo no campo da história e do conhecimento histórico. O ensaio é motivado pela espécie de perplexidade em que fiquei ao examinar empregos contextuais contemporâneos do termo responsabilidade. Por um lado, o conceito parece ainda bem fixado em seu uso jurídico clássico: em direito civil, a responsabilidade é definida pela obrigação de reparar os danos que infringimos por nossa culpa e em certos casos determinados pela lei; em direito penal, pela obrigação de suportar o castigo. Pode-se observar o lugar destinado à idéia de obrigação: obrigação de reparar ou de sofrer a pena. É responsável todo aquele que está submetido a essas obrigações. Tudo isso parece bastante claro. Mas, por outro lado – ou melhor, de vários lados ao mesmo tempo –, a vagueza invade a cena conceitual. Já de início, surpreende-nos que um termo, de sentido tão fixo no plano jurídico, seja de origem tão recente e sem inscrição marcada na tradição filosófica. Em seguida, desconcerta-nos a pro-

---

* Este texto constitui um conjunto com dois artigos já publicados na revista *Esprit,* "Le juste entre le légal et le bon" (setembro de 1991) e "L'acte de juger" (julho de 1992).

liferação e a dispersão dos empregos do termo em seu uso corrente, o que vai bem além dos limites atribuídos pelo uso jurídico. O adjetivo responsável arrasta em seu séqüito uma diversidade de complementos: alguém é responsável pelas conseqüências de seus atos, mas também é responsável pelos outros, na medida em que estes são postos sob seu encargo ou seus cuidados e, eventualmente, bem além dessa medida. Em última instância, somos responsáveis por tudo e por todos. Nesses empregos difusos, a referência à obrigação não desapareceu; tornou-se a obrigação de cumprir certos deveres, de assumir certos encargos, de atender a certos compromissos. Em suma, é uma obrigação de fazer que extrapola o âmbito da reparação e da punição. Essa extrapolação é tão insistente, que é com esse significado que o termo se impõe hoje em filosofia moral, a ponto de ocupar todo o terreno e de tornar-se "princípio" em Hans Jonas e, em grande parte, em Emmanuel Lévinas. A dispersão prossegue em todos os sentidos, favorecida por associações aleatórias que são encorajadas pela polissemia do verbo responder: não só responder por..., mas responder a... (uma pergunta, um chamado, uma ordem etc.). Mas não é só isso. No plano propriamente jurídico, além das extensões mencionadas na definição lembrada acima, tendo-se em vista, especialmente, a responsabilidade por outrem ou pela coisa custodiada – extensão do campo de aplicação mais que do nível de significação –, a idéia jurídica de responsabilidade enfrenta a rivalidade de conceitos adversos, ainda mais jovens que o conceito submetido a exame; Mireille Delmas-Marty faz um rápido balanço disso, no início de sua obra *Pour un droit commun,* quer se trate de periculosidade, risco ou solidariedade[1]. Tal é o levantamento da situação: por um lado, estabilidade da definição jurídica desde o início do século XIX; por outro, ausência de ancestrais filosó-

---

1. Mireille Delmas-Marty, *Pour un droit commun,* Paris, Le Seuil, 1994. [Trad. bras. *Por um direito comum,* São Paulo, Martins Fontes, 2004.]

ficos comprovados do mesmo substantivo, dispersão e deslocamento do centro de gravidade no plano da filosofia moral, forte concorrência de novos candidatos à função estruturadora exercida até aqui pelo conceito de responsabilidade tomado em sua estrita definição de obrigação de reparar e de obrigação de sofrer a pena.

Diante dessa situação, proponho a seguinte estratégia. Numa primeira parte, será buscado, *a montante* do conceito jurídico clássico de responsabilidade, o ancestral, o conceito fundador, que, como veremos, tem seu lugar marcado na filosofia moral com outro nome, que não o de responsabilidade. Depois, numa segunda parte, explicitaremos, *a jusante* do conceito jurídico clássico, filiações, derivações e até derivas que levaram aos deslocamentos de sentido mencionados acima no uso corrente do termo responsabilidade, assim como os assaltos infligidos ao plano propriamente jurídico por rivais mais jovens. A questão será saber até que ponto a história contemporânea – aparentemente anárquica – do conceito de responsabilidade se terá tornado inteligível graças à obra de filiação semântica realizada *a montante*, na primeira parte.

Entre imputação e retribuição

A idéia diretiva dessa elucidação *a montante* é a seguinte: é fora do campo semântico do verbo *responder*, quer se trate de responder por..., quer de responder a..., que se deve buscar o conceito fundador, a saber, no campo semântico do verbo *imputar*. Na imputação reside uma relação primitiva com a obrigação – de que a obrigação de reparar ou de sofrer a pena constitui tão-somente um corolário ou complemento –, que pode ser enfeixada pelo termo genérico retribuição (ou, no vocabulário da teoria dos atos de fala, na categoria dos "veredictivos").

O termo imputação é bem conhecido numa época em que o termo responsabilidade não tem emprego reconhecido fora da teoria política em que se fala da responsabilidade do soberano perante o Parlamento britânico. É verdade que a referência a esse emprego extrajurídico não deixa de ser interessante, uma vez que aparece a idéia de prestar contas, idéia cujo lugar na estrutura conceitual da imputação será visto. Esse emprego adjacente do termo responsabilidade desempenhou algum papel na evolução que levou o conceito de responsabilidade, tomado em sentido jurídico, a identificar-se com o sentido moral de imputação. Mas não chegamos aí. Antes é preciso delimitar o conceito de imputação em sua estrutura própria para depois interpretar as idas e vindas entre imputação e retribuição.

Imputar – dizem nossos melhores dicionários – é *atribuir a alguém uma ação condenável, um delito, portanto uma ação confrontada previamente com uma obrigação ou uma proibição que essa ação infringe*. A definição proposta dá a entender que, a partir da obrigação ou da proibição de fazer e por intermédio da infração e, depois, da reprovação, o juízo de imputação leva ao juízo de retribuição, na qualidade de obrigação de reparar ou de sofrer a pena. Mas esse movimento que orienta o juízo de imputação para o juízo de retribuição não deve levar a esquecer o movimento inverso que faz remontar da *retribuição à atribuição* da ação a seu autor. Aí reside o cerne da imputação. O dicionário *Robert* cita, nesse aspecto, um texto importante de 1771 (*Dictionnaire de Trévoux*):

> Imputar uma ação a alguém é atribuí-la a esse alguém como a seu verdadeiro autor, lançá-la por assim dizer à sua conta e torná-lo responsável por ela.

A definição é notável por deixar clara a derivação que leva de atribuir a retribuir. Vale insistir: atribuir a ação a alguém como a seu verdadeiro autor. Nunca se deverá perder de vista essa referência ao agente; mas essa não é a única coisa notável: a metáfora da conta –"lançar [a ação] por assim dizer à sua conta" – é extraordinariamente interessante². Ela não é totalmente alheia ao juízo de imputação, uma vez que o verbo latino *putare* implica cálculo, *comput,* sugerindo a idéia de uma estranha contabilidade moral de méritos e deméritos, como numa escrituração de partidas dobradas: receita e despesas, crédito e débito, em vista de uma espécie de saldo positivo ou negativo (o último rebento da metáfora seria o sistema de pontuação, bem físico e legível, do motorista francês!). Por sua vez, essa contabilidade bem específica sugere a idéia de uma espécie de dossiê moral, de *record* como se diria em inglês, de formulário para registro de dívidas e, eventualmente, de méritos (aqui, o que está mais próximo da idéia desse estranho dossiê seria o nosso registro de antecedentes criminais!). Assim remontaríamos às figuras semimíticas do grande livro das dívidas: livro de vida e de morte. Essa metáfora de um dossiê-balanço parece bem subjacente à idéia aparentemente banal de prestar contas e à idéia aparentemente mais banal ainda de dar conta, no sentido de relatar, narrar, ao cabo de uma espécie de leitura desse estranho dossiê-balanço³.

É contra o plano de fundo dessa expressão da linguagem comum, ainda prenhe da metáfora da *conta,* que devem ser situadas as tentativas de fixação conceitual da imputação.

---

2. É de notar que outras línguas, marcadas como o francês pelo uso latino dos termos *putare* e *imputatio,* continuam ligadas à metáfora da "conta", como se vê no alemão *Zurechnung* e no inglês *accountability:* O *Oxford English Dictionary* apresenta a seguinte definição de *accountable: liable (ligabilis, that can be bound) to be called to account, or to answer to responsibilities and conduct; answerable, responsible.* A filiação *de accountable* a *responsible* é preservada na definição deste último termo: *Responsible: morally accountable for one's own actions: capable of rational conduct.*

3. Até meados do século XIX, o verbo francês *imputer* podia ser entendido "em boa parte" com o sentido de atribuir (a alguém) algo louvável, favorável. A atribuição pode até ser feita sem idéia de censura nem de elogio: imputar uma obra a um autor presumido. Donde a expressão: *imputer à crime,* ou *à gloire.* A ação de imputar, portanto, não está necessariamente ligada à censura e à acusação, logo à falta. Confirmação disso está no uso teológico do termo, segundo o qual os méritos de Cristo são atribuídos ao homem, lançados à conta do homem.

A contribuição da teologia protestante é esclarecedora nesse aspecto: a idéia mestra não é a imputação de uma falta ou mesmo de um mérito ao autor da ação, mas a imputação graciosa dos méritos de Cristo, méritos adquiridos na Cruz, ao pecador que confia sua fé naquele sacrifício. O termo imputação – vinculado ao grego do Novo Testamento *logízesthai*, através do latim *imputare* – é assim absorvido no espaço de gravitação da doutrina da *justificação* pela fé. O fundamento radical desta última consiste na *justitia aliena* de Cristo, independentemente dos méritos próprios do pecador. Na verdade, seria preciso ir além de Lutero, ao nominalismo de Ockham e à doutrina da *acceptio divina* de J. Duns Scot e, mais além ainda, chegar à interpretação que São Paulo faz da fé de Abraão (*Gn.* 15, 6): "Abraão acreditou em Deus e isso lhe foi contado como justiça" (*Epístola aos romanos,* 3, 28; 4, 3, 9, 22; *Epístola aos gálatas,* 3, 6). Em toda essa longa pré-história do conceito de imputação, a tônica principal recai na maneira como Deus "aceita" o pecador em nome de sua "justiça soberana". Desse modo, o conceito de imputação foi projetado para a cena conceitual por ocasião dos conflitos teológicos do século XVI, quando a Contra-Reforma católica rejeitou a doutrina luterana da justificação *sola imputatione justitiae Christi*. Numa ordem de idéias vizinha, certamente não se deveria negligenciar o lugar que, nas tentativas de teodicéia, foi ocupado pela questão da imputação do mal. Dito isso, é uma questão controversa o que a noção jurídica de *imputabilidade* deve a esse contexto teológico. A tônica posta na "capacidade" (*Fähigkeit*) na noção de *imputativitas,* traduzida em alemão por *Imputabilität* e depois por *Zurechnungsfähigkeit* e até por *Schuldfähigkeit,* sugere um recurso ao conceito aristotélico de disposição natural, numa direção de pensamento aparentemente oposta à doutrina extrínseca (no sentido de vir de fora) da "justificação" em Lutero. Não parece ilegítimo considerar a doutrina do *direito natural das gentes* como uma fonte não só independente, mas também antagonista, da fonte teológica. Com Pufendorf, a tônica principal recai na "capacidade" do agente, e não mais na "justiça" soberana de Deus[4].

Essa noção de imputabilidade – no sentido de "capacidade para a imputação" (moral e jurídica) – constitui uma chave indispensável para compreender a preocupação ulterior de Kant em preservar as articulações *cosmológica e ética* (cujas marcas a linguagem comum ainda traz, conforme vimos) do termo imputação, na qualidade de juízo de atribuição de uma ação censurável a alguém, como a seu autor verdadeiro. A força da idéia de imputação no próprio Kant consiste na conjunção de duas idéias mais primitivas, a atribuição de uma ação a um agente e a qualificação moral e geralmente negativa dessa ação. A *Métaphysique des moeurs* define a *Zurechnung* (*imputatio*) no sentido moral como "juízo pelo qual alguém é considerado *Urheber* (*causa libera*) de uma ação (*Handlung*) que a partir de então se chama *Tat* (*factum*) e incide sob as leis" (Ak, A, 6, 227). Essa definição é encontrada sem mudanças na *Doctrine du droit*:

> Fato [*Tat*] é uma ação, à medida que é considerada sob as leis da obrigação, portanto à medida que o sujeito nesta é considerado do ponto de vista da liberdade de seu arbítrio. Por tal ato o agente é considerado o autor [*Urheber*] do efeito [*Wirkung*] e aquele, assim como a própria ação, pode ser-lhe imputado caso se tenha conhecimento prévio da lei em virtude da qual pesa uma obrigação sobre cada uma dessas coisas... Pessoa é esse sujeito cujas ações são passíveis de imputação. Coisa é o que não é passível de imputação alguma.[5]

Mas, se quisermos ter acesso ao nível radical dessa constituição cosmológico-ética das idéias de imputação e impu-

---

4. Sobre tudo isso, *cf.* Ritter, art. *Imputation* (*Zurechnung*), pp. 274-7. Sobre Pufendorf (*De jure naturae et gentium,* Lund, 1672), cf. Simone Goyard-Fahre, *Pufendorf et le droit naturel,* Paris, PUF, 1994; leiam-se, em especial, as páginas relativas à teoria dos "seres morais" (*entia moralia*), à sua *capacidade* de instituição ou de imposição (*impositio*) e à relação com a *imputação* que resulta dessa capacidade, pp. 51-56.

5. Kant, *Doctrine du droit,* "Introduction générale", trad. fr. A. Philonenko, Paris, Éd. Vrin, 1971, pp. 97-98.

tabilidade em Kant, não deveremos começar nem pela *Métaphisique du moeurs,* nem pela *Critique de la raison pratique* e muito menos pela *Doctrine du droit,* mas sim pela *Critique de la raison pure* e ir direto à terceira "Antinomia cosmológica" da *Dialectique transcendentale,* em que a noção de imputação é posta numa situação *aporética* da qual ela nunca será realmente desalojada.

Conhecem-se os termos da antinomia. Tese:

> A causalidade segundo as leis da natureza não é a única da qual podem ser derivados os fenômenos do mundo em seu conjunto. Para explicá-los, ainda é necessário admitir uma causalidade com uma liberdade.

Antítese:

> Não há liberdade, mas tudo no mundo ocorre segundo as leis da natureza (A 445, B 473).

Logo, é preciso começar por aí, por esses dois modos para que um acontecimento *ocorra,* ocorrer pelo impulso das coisas, ocorrer pela erupção da espontaneidade livre. Evidentemente, é nos termos da tese que se deve situar a idéia de imputação. Vejamos como ela entra em cena: primeiramente na *Preuve,* depois na *Remarque* sobre a terceira antinomia. Na verdade, a palavra não aparece claramente na "prova", mas apenas o que constitui sua raiz, ou seja, a noção de "espontaneidade absoluta das causas", que – como se diz – "consiste em começar de si *(von Selbst)* uma série de fenômenos que se desenrolam segundo leis naturais, por conseguinte uma liberdade transcendental" *(ibid.).* Tal é a raiz: a capacidade originária de iniciativa. Dela decorre a idéia de imputabilidade *(Imputabilität)* introduzida na *Remarque*:

> A idéia transcendental de liberdade na verdade está longe de formar o conteúdo integral do conceito psicológico desse substantivo, conceito em grande parte empírico; ela cons-

titui apenas o conceito da espontaneidade absoluta da ação, como fundamento da imputabilidade dessa ação; mas nem por isso deixa de ser o verdadeiro tropeço da filosofia, que topa com dificuldades insuperáveis ao admitir essa espécie de causalidade incondicionada (A 448, B 476).

Assim, a imputabilidade, tomada em seu sentido moral, é uma idéia menos radical que a idéia de "espontaneidade absoluta da ação". Mas o preço que deve ser pago por tal radicalismo é a confrontação com uma situação inelutavelmente antinômica, em que duas espécies de causalidade, a causalidade livre e a causalidade natural, se opõem sem conciliação possível; isso se soma a dificuldade de pensar um começo relativo em pleno andamento das coisas, o que obriga a dissociar a idéia de "começo na causalidade" (que é a causalidade livre) da idéia de "começo no tempo" (o presumido começo do mundo e da realidade em seu conjunto)[6].

Eis até onde pode ir, no âmbito da primeira *Critique*, a análise conceitual da idéia de imputabilidade no plano da

---

6. A seqüência do texto da *Dialectique* traz à tona duas idéias importantes. Segundo a primeira, a razão é implicada nessa controvérsia insuperável por *interesses* opostos. Nesse aspecto, Kant distingue várias modalidades de interesse. Primeiramente, um interesse *prático*: é ele que predomina na passagem da idéia de liberdade transcendental para a idéia de imputabilidade (Kant fala de "pedras fundamentais da moral e da religião", A467); mas o interesse *especulativo* não é menor, consistindo em pensar o incondicionado, irredutível ao movimento seguido pelo entendimento ao subir e descer de condição em condição; a isso se soma, enfim, o que Kant chama de interesse *popular*. Diz ele: "o senso comum não tem a menor dificuldade nas idéias de começo incondicionado de qualquer síntese" (A467). Em contrapartida, "o empirismo exclui qualquer espécie de popularidade", tão difícil é "ficar totalmente mudo e confessar ignorância" (A472). A segunda idéia que se deve considerar para a seqüência da discussão é o estilo de solução da terceira antinomia. Enquanto as duas primeiras antinomias, chamadas de "matemáticas" (referentes à grandeza absoluta do mundo, no espaço e no tempo) só autorizam uma solução cética, consistente em rejeitar tanto a tese quanto a antítese, a antinomia "dinâmica" da causalidade livre e da causalidade natural autoriza uma conciliação, que consiste em conservar a tese e a antítese em dois planos distintos, o da regressão finita da cadeia das condições até o incondicionado, e o da regressão sem fim de condições em condições.

articulação cosmológica e ética. Por um lado, o conceito de liberdade transcendental permanece vazio, à espera de sua ligação com a idéia moral de lei. Por outro lado, ele é deixado de reserva, na qualidade de raiz cosmológica da idéia ético-jurídica de imputabilidade.

É aí que a segunda *Critique* introduz o nexo decisivo, nexo entre liberdade e lei, nexo em virtude do qual a liberdade constitui a *ratio essendi* da lei, e a lei, a *ratio cognoscendi* da liberdade. Só então liberdade e imputabilidade coincidem.

Naquilo que Hegel chamará mais tarde de "visão moral do mundo", o acoplamento entre as duas obrigações, a de agir em conformidade com a lei e a de reparar o dano ou cumprir a pena, tende a bastar-se a ponto de eclipsar a problemática da liberdade cosmológica, da qual depende, porém, a idéia de atribuição de uma ação a alguém como sendo seu verdadeiro autor. Esse processo de eliminação, apoiado apenas na *Critique de la raison pratique,* redunda em Kelsen (por exemplo, em sua *Théorie pure du droit*) na inteira moralização e juridicização da imputação[7]. Ao cabo desse processo, pode-se dizer que a idéia de retribuição (da falta) deslocou a idéia de atribuição (da ação a seu agente). A idéia puramente jurídica de responsabilidade, entendida como

---

7. "Imputação designa uma relação normativa: é essa relação e nada mais que o termo *sollen* exprime quando utilizado numa lei moral ou numa lei jurídica" (tradução fr. Ch. Eisenmann, p. 124). O que resta então do enraizamento cosmológico da imputação, tal como fora preservado pela terceira antinomia kantiana? Nada, em última análise: "Não é de modo algum a liberdade, entendida como a não-determinação causal da vontade, que torna possível a imputação, mas, ao contrário, a imputação supõe a determinabilidade causal da vontade. Nada é imputado ao homem porque ele é livre, mas o homem é livre porque imputado" (*ibid.*, p. 134). A segunda *Critique* kantiana – seríamos tentados a dizer – esvaziou a primeira e sua parte mais dramática, a teoria das antinomias. Testemunho disso é aquela última definição da imputação, da qual parece ter sido eliminado qualquer vestígio de aporia: imputação, "conexão estabelecida entre uma conduta humana e a condição sob a qual ela é prescrita ou proibida por uma norma" (*ibid.*, p. 127). Essas citações são extraídas de Simone Goyard-Fabre, *Kant et le problème du droit*, Paris, Ed. Vrin, 1975, pp. 47-52.

obrigação de reparar o dano ou de sofrer a pena, pode ser considerada como resultado conceitual desse deslocamento. Restam as duas obrigações: a de fazer, violada pela infração, e a de reparar ou sofrer a pena. A responsabilidade jurídica procede assim do cruzamento dessas duas obrigações, em que a primeira justifica a segunda, e a segunda sanciona a primeira.

A idéia contemporânea de responsabilidade: um conceito fragmentado

Na segunda parte de meu estudo, proponho-me tentar explicar a reestruturação contemporânea da idéia de responsabilidade fora dos limites da herança kantiana.

Imputação e "ascription"

Essa reestruturação, bastante anárquica, convenhamos, foi possibilitada pelas reinterpretações muitíssimo diversificadas da idéia de espontaneidade livre, preservada por Kant como pano de fundo da idéia moral de imputação, na qualidade de idéia cosmológica, pagando-se para isso o preço da antinomia, de que falamos. Essas tentativas têm em comum eliminar o jugo da obrigação que, com Kelsen e toda a escola neokantiana, acaba por moralizar de cabo a rabo a cadeia constituída pelo ato, por seus efeitos e pelas diversas modalidades de retribuição relativas aos efeitos declarados como contrários à lei. Pode-se falar, em sentido inverso, de processo de des-moralização* da raiz da imputação, para caracterizar as tentativas de restaurar o conceito de "capacidade" de agir, portanto de "imputabilidade", cuja posição vimos entre os jusnaturalistas. Se a tentativa desse

---

* Traduzi *desmoralisation* por des-moralização para deixar claro o sentido de "desvinculação da moral". [N. da T.]

certo, o conceito de responsabilidade, que acabara por deslocar o de imputação a ponto de tornar-se seu sinônimo e acabar por substituí-lo no vocabulário contemporâneo, poderia ficar de novo disponível para novas aventuras, que não excluem novas tentativas de remoralização da responsabilidade, mas por caminhos outros que não o da obrigação, no sentido de coerção moral ou de coerção social interiorizada. Talvez saia certa ordem da aproximação entre o que chamo de tentativa de des-moralização da raiz da imputação e tentativa de remoralização do exercício da responsabilidade.

Peço desculpas pelo caráter esquemático desta tentativa, sem dúvida desmesurada, que visa apenas oferecer ao leitor um roteiro esboçado com traços rápidos.

A reconquista da idéia de espontaneidade livre foi experimentada por vários caminhos que eu, pessoalmente, tentei fazer convergir para uma teoria do *homem que atua e sofre a ação*. Temos assim, de um lado, contribuições da filosofia analítica e, de outro, as da fenomenologia e da hermenêutica.

As primeiras se dividem entre filosofia da linguagem e teoria da ação. Das análises pertinentes à filosofia da linguagem ficarei com a teoria da *"ascription"* de P. Strawson em *Individuals*[8], teoria que influenciou juristas importantes como L. A. Hart, do qual menciono o famoso artigo "The Ascription of Responsibility and Rights"[9]. Strawson forjou o termo *ascription* para designar a operação predicativa de tipo único que consiste em atribuir uma ação a alguém. Sua análise tem como contexto uma teoria geral da identificação dos "particulares básicos", ou seja, dos sujeitos de atribuição irredutíveis a qualquer outro, portanto pressupostos em toda tentativa de derivação a partir de indivíduos de uma espécie pretensamente mais fundamental. Segundo

---

8. P. Strawson, *Individuals*, Londres, Methnen and Co, 1959; trad. fr. A. Shalom e P. Drong, Le Seuil, 1973.

9. L. A. Hart, "The Ascription of Responsibility and Rights", in *Proceedings of the Aristotelian Society*, 1948, pp. 171-94.

Strawson, só existem dois tipos: os "corpos" espaço-temporais e as "pessoas". Que predicados nos atribuímos fundamentalmente na qualidade de pessoas? Responder a essa pergunta é definir a "*ascription*". São dadas três respostas: 1 – nós nos atribuímos dois tipos de predicado, predicados físicos e predicados psíquicos (X pesa sessenta quilos, X se lembra de uma viagem recente); 2 – é à mesma entidade, a pessoa, e não a duas entidades distintas – digamos, alma e corpo –, que atribuímos os dois tipos de propriedade; 3 – os predicados psíquicos são tais, que mantêm o mesmo significado, quer sejam atribuídos a nós mesmos, quer a outra pessoa (compreendo o ciúme, quer ele seja dito sobre Pedro, sobre Paulo ou sobre mim). Essas três regras da "*ascription*" definem conjuntamente a pessoa como "particular básico", ao mesmo tempo imbricado nos corpos e distinto deles. Não há necessidade, no essencial, de vincular essa maneira *sui generis* de atribuir a uma metafísica das substâncias. Basta a atenção dada às regras lingüísticas inelutáveis da identificação por "*ascription*".

A teoria da *ascription* interessa-nos neste estágio de nossa própria investigação porque, entre todos os predicados, o que de fato se coloca no centro da teoria da "*ascription*" é o predicado designado pelo termo ação. A relação entre ação e agente é assim coberta por tal teoria da "*ascription*", portanto da atribuição de predicados específicos a particulares básicos específicos, sem consideração da relação com a obrigação moral, e apenas do ponto de vista da referência identificadora a particulares básicos. É por essa razão que classifico a teoria da "*ascription*" entre as tentativas de desmoralizar a noção de imputação.

Não digo que a teoria da "*ascription*" seja suficiente para a reconstrução de um conceito de responsabilidade menos dependente da idéia de obrigação, quer se trate da obrigação de fazer, quer da obrigação de reparar ou de sofrer a pena. Mas tem o mérito de abrir para uma investigação moralmente neutra do agir. Prova de que a teoria da "*ascription*" não é mais do que um primeiro passo nesse sentido está na necessidade de completar, no terreno propriamente lingüístico, uma semântica do discurso centrada na questão da referência identificadora – que só conhece a pessoa como uma das coisas das quais se fala – com uma pragmática da linguagem, em que a tônica não recaia nos enunciados (seu sentido e sua referência), mas nas enunciações, como ocorre com a teoria dos atos de fala (*Speech acts*): prometer, advertir, mandar, observar, etc. Torna-se então legítimo tentar, num segundo momento, desimplicar o *enunciador* da enunciação, prolongando assim o processo de desacoplamento entre enunciação-ato e enunciado-proposição. Pode-se assim delimitar o ato de autodesignação do sujeito falante e do sujeito atuante e estabelecer a convergência entre a teoria da *ascription*, que ainda uma vez fala da pessoa a partir de fora, e uma teoria do enunciador, na qual a pessoa se designa como quem fala e age ou mesmo age falando, tal como ocorre no exemplo da promessa, arvorada em modelo de todos os atos de fala.

Essa seria, em filosofia analítica, a primeira metade do itinerário para uma reconstrução da idéia de espontaneidade livre. A segunda metade seria ocupada pela contribuição da teoria da ação. As *Investigations philosophiques* do segundo Wittgenstein e as análises minuciosas de D. Davidson em *Essays on Actions and Events*[10] são os guias mais instrutivos. Daí decorre que a teoria da ação também apresenta uma fase semântica, com o exame das frases de ação (Brutus matou César), e uma fase pragmática, com o exame das idéias de razões de agir e poder de agir. O exame desta última noção (*agency* em inglês) reconduz a análise da ação para as paragens da teoria aristotélica da *práxis*.

É nesse nível – quando se trata de remontar da ação, como acontecimento público, a suas intenções e seus motivos, como acontecimentos privados, e daí ao agente, como aquele que *pode* – que se descobrem conjunções e intersecções inesperadas entre filosofia analítica e filosofia fenomenológica e hermenêutica.

---

10. D. Davidson, *Essays on Actions and Events*, Oxford, Clarendon Press, 1980.

Cabe de fato a esta última encarregar-se da questão que ficou suspensa, com a noção de autodesignação do sujeito de discurso e do sujeito de ação. A passagem da enunciação ao enunciador e a passagem da ação ao agente põem em jogo uma problemática que ultrapassa os recursos de uma filosofia lingüística. Trata-se do sentido vinculado às respostas à pergunta *quem?* (quem fala? quem age? quem conta sua vida? quem se designa como autor moralmente responsável por seus atos?). A relação da ação com seu agente, assim, é apenas um caso particular, na verdade muitíssimo significativo, da relação do si com o conjunto de seus atos, sejam estes pensamentos, palavras ou ações. Ora, essa relação opõe à reflexão uma opacidade extrema que é assinalada com insistência pelas metáforas nas quais vem envolvida a afirmação de nosso poder-fazer. Aristóteles, o primeiro que se dedicou à descrição minuciosa da "escolha preferencial" e da "deliberação", não dispõe de nenhum conceito próprio à ação humana que distinga o poder-fazer humano do princípio interior ao movimento físico. As ações que "dependem de nós"[11] estão para o agente tal como os filhos estão para seus "genitores" ou os instrumentos, os órgãos e os escravos para seus "donos". A partir de Locke, os Modernos apenas acrescentam uma metáfora nova, como se vê em Strawson na sua teoria da *ascription*, quando ele declara que os predicados físicos e psíquicos da pessoa lhe "pertencem", que esta os "possui", que são "seus". Esse "caráter de sempre meu" (*mienneté*) do poder de agir parece realmente designar um fato primitivo, o famoso "eu posso" assumido com tanta insistência por Merleau-Ponty.

O único caminho aberto para a superação conceitual das metáforas da geração, do domínio e da posse continua sendo o longo caminho do tratamento das aporias aparentadas à antinomia kantiana da causalidade, mencionada acima. De fato, um retorno puro e simples a Aristóteles é impossível. Sua filosofia não poderia abrir espaço para as anti-

---

11. *Ta epli'hemin*, *Éthique à Nicomaque*, III, 5, 1112 a 30-34.

nomias da causalidade que a ciência galileana e newtoniana tornou inelutáveis. Sua filosofia da ação continua edificada sobre a base de uma filosofia da natureza que permanece amplamente animista. Para nós, está rompida a continuidade entre causalidade natural e causalidade livre. É preciso passar pelo choque das causalidades e tentar uma fenomenologia do imbricamento destas. O que compete então pensar são fenômenos como *iniciativa* e *intervenção*, nos quais se surpreende a ingerência do agente da ação no curso do mundo, ingerência que causa efetivamente mudanças no mundo. O fato de só podermos representar essa influência do agente humano sobre as coisas, por meio do curso do mundo, como uma conjunção entre várias espécies de causalidade deve ser francamente reconhecido como uma injunção conceitual ligada à estrutura da ação como iniciativa, ou seja, começo de uma série de efeitos no mundo. Certamente temos o forte sentimento, a certeza confiante de "podermos fazer", todas as vezes que obtemos a coincidência de uma ação em nosso poder com as ocasiões de intervenção oferecidas por qualquer sistema físico finito e relativamente fechado. Mas essa compreensão imediata, essa confirmação do "poder-fazer", só pode ser apreendida conceitualmente como concurso de várias causalidades. A passagem pela antinomia de estilo kantiano e, depois, a superação desta em diversos modelos *ad hoc* de iniciativa ou intervenção[12] só têm a função de levar ao nível reflexivo a certeza que se vincula ao fenômeno do "eu posso", a confirmação inerradicável que o homem capaz carrega consigo.

Reformulação do conceito jurídico de responsabilidade

Gostaria de situar sob o signo da reestruturação do conceito de responsabilidade, por um lado, transformações per-

---

12. Entre diversos modelos de composição entre causalidades heterogêneas, prefiro o de H. von Wright, em *Explanation and Understanding*, Londres, Routledge and Kegan Paul, 1971.

tinentes ao campo jurídico e, por outro, evoluções pertinentes à moralidade, bem além dos limites do direito.

No que se refere à renovação da idéia de responsabilidade no plano *jurídico,* gostaria de insistir num aspecto do problema que tem origem no direito civil, no qual, como se lembrou, a responsabilidade consiste na obrigação de reparar os danos. Certa despenalização da responsabilidade seguramente já está implicada na obrigação simples de reparar. Seria então possível pensar que, além da idéia de punição, também deveria desaparecer a idéia de *culpa.* Acaso não consideramos a culpa eminentemente punível? Mas não é esse o caso. O Código Civil francês continua falando de culpa (*faute*) para preservar, ao que parece, três idéias, quais sejam: que foi cometida uma infração, que o autor conhecia a norma, e que ele era senhor de seus atos a tal ponto que poderia ter agido de outra maneira. Assim, em direito civil clássico a idéia de culpa está dissociada da idéia de punição, mas, apesar disso, continua vinculada à idéia de obrigação de reparar. Mas esse estatuto mostra-se hoje conceitualmente bem frágil. Toda a história contemporânea daquilo que se chama *direito da responsabilidade,* no sentido técnico do termo, tende a abrir espaço para a idéia de *responsabilidade sem culpa,* sob a pressão de conceitos como os de solidariedade, segurança e risco, que tendem a ocupar o lugar da idéia de culpa. É como se a despenalização da responsabilidade civil também devesse implicar sua inteira desculpabilização.

Mas essa operação pode ser consumada? A questão realmente consiste em saber se a substituição da idéia de culpa pela idéia de risco não redundará, paradoxalmente, na total desresponsabilização da ação. A referência à culpa no campo da responsabilidade civil ficaria então inexpugnável. Essa indagação é feita tanto por Mireille Delmas-Marty, em *Pour un droit commun,* quanto por F. Ewald, em *l'État-providence*[13]. Também remetemos ao artigo de Laurence En-

---

13. F. Ewald, *l'État-providence,* Paris, Grasset, 1986.

gel, "Rumo a uma nova abordagem da responsabilidade", em *Esprit*[14]. Todos esses autores partem da constatação de que a crise do direito da responsabilidade tem como ponto de partida um deslocamento da ênfase que antes recaía no autor presumido do dano e hoje recai de preferência na vítima que, em vista do dano sofrido, fica em posição de exigir reparação, ou seja, na maioria das vezes indenização. Mostrou-se na lei de 1898 sobre os acidentes do trabalho, que torna os seguros de risco obrigatórios para as empresas, a primeira expressão da passagem – de considerável alcance – "de uma gestão individual da culpa para uma gestão socializada do risco" (L. Engel, *op. cit.*, p. 16). "A instauração de um sistema de indenização ao mesmo tempo automático e em bloco – observa o autor – traduz a necessidade de garantir uma indenização na ausência de comportamento delituoso" (*ibid.*). A avaliação objetiva do prejuízo tende assim a obliterar a apreciação do vínculo subjetivo entre a ação e seu autor. A idéia de responsabilidade sem culpa nasce daí.

Seria possível saudar essa evolução, uma vez que nela é exaltado um valor moral importante, o da solidariedade, sem dúvida mais digna de apreço do que o valor mais utilitário da segurança. Mas os efeitos perversos desse deslocamento podem servir de alerta. Eles são encorajados pela incrível ampliação da esfera dos riscos e por sua mudança de escala no espaço e no tempo (toda a reflexão de Hans Jonas, que mencionaremos adiante, parte desse mesmo ponto); em última análise, toda incapacidade adquirida, percebida como um dano sofrido, pode dar ensejo a um direito a reparação na ausência de qualquer culpa comprovada. O efeito perverso consiste no fato de que, quanto mais ampla a esfera dos riscos, mais premente e urgente a busca de um responsável, ou seja, de alguém, pessoa física ou jurídica, capaz de indenizar e reparar. É como se a multiplicação das ocorrências de vitimação provocasse proporcional

---

14. L. Engel, "Vers une nouvelle approche de la responsabilité. Le droit français face à la derive americaine", *Esprit,* junho de 1993.

exaltação daquilo que cabe chamar de ressurgimento social da acusação. O paradoxo é enorme: numa sociedade que só fala em solidariedade, com a preocupação de fortalecer eletivamente uma filosofia do risco, a procura vingativa *do* responsável equivale a uma reculpabilização dos autores identificados de danos. Basta ver com que sarcasmos a opinião pública acolheu o famoso "responsável, mas não culpado" da Sra. Georgina Dufoix...

Mas há outros efeitos mais sutis. Uma vez que, nos processos que dão ensejo a indenizações, o que está em jogo são principalmente relações contratuais, a suspeição e a desconfiança alimentadas pela caça ao responsável tendem a corromper o cabedal de confiança no qual se alicerçam todos os sistemas fiduciários subjacentes às relações contratuais. Mas não é só isso: a virtude da solidariedade, invocada em apoio às pretensões exclusivas da filosofia do risco, está prestes a ser desalojada de sua posição ética eminente pela própria idéia de risco que a engendrou, uma vez que a proteção contra o risco orienta para a procura de segurança mais do que para a afirmação de solidariedade. Mais fundamentalmente ainda, se a vitimação é aleatória, sua origem também tende a tornar-se aleatória, em virtude do cálculo de probabilidade que situa todas as ocorrências sob o signo do acaso. Assim desconectada de uma problemática da *decisão*, a própria ação acaba situada sob o signo da fatalidade, que é o exato oposto da responsabilidade[15]. Fatalidade é ninguém; responsabilidade é alguém.

Considerando esses efeitos perversos, hoje se elevam algumas vozes a favor de uma problemática mais equilibrada – Mireille Delmas-Marty fala de "recomposição de uma paisagem" –, problemática segundo a qual a imputação de responsabilidade e a reivindicação de indenização deveriam, de início, ser mais nitidamente dissociadas para depois serem mais bem coordenadas, com o recuo da idéia de indenização para a posição de técnica de gestão da dimensão-

---

15. É por falta de sorte!

risco nas interações humanas. Seria assim posto a nu o enigma residual de uma culpa que, mantida em segundo plano, por trás da idéia de responsabilidade, não seria de novo absorvida pela idéia de punição. Continua em pé a questão de se saber até que ponto a idéia de culpa pode ser desvinculada da idéia de punição. Um dos caminhos consistiria em levar a investigar nos termos da sugestão feita, entre outros, por Antoine Garapon, secretário geral do Institut des hautes études sur la justice (IHEJ), ou seja: o ato de proferir o direito numa situação determinada, pondo acusado e vítima em seus devidos lugares e a justa distância, equivale como tal a reparação moral para a vítima. Ora, proferir o direito só tem sentido se cada um é *reconhecido* em seu papel. Não estaremos assim novamente diante do âmago da idéia de imputação, na qualidade de designação do autor "verdadeiro" da ação?

Ao fim e ao cabo, se é que há necessidade de uma "paisagem recomposta", é a paisagem da responsabilidade jurídica em que imputação, solidariedade e risco encontrassem, respectivamente, seus justos lugares.

Transformações do conceito moral de responsabilidade

A questão é então saber se evoluções, transformações e deslocamentos outros, ocorridos no plano *moral*, podem contribuir para essa recomposição.

À primeira vista, não é isso o que permite esperar um rápido levantamento da situação. O que chama a atenção já de saída é o contraste entre o recuo da idéia de imputação no plano jurídico, sob a pressão dos conceitos concorrentes que acabamos de mencionar, e a espantosa proliferação e dispersão dos usos do termo responsabilidade no plano moral. É como se o encolhimento do campo jurídico fosse compensado pelo esticamento do campo moral da responsabilidade. No entanto, na segunda abordagem, o paradoxo parece menor.

A primeira inflação que se deve considerar ocorre no próprio plano jurídico: ela afeta a extensão do domínio dos riscos, acidentes e imprevistos invocados pelas vítimas numa sociedade onde todo e qualquer dano tende a exigir indenização. Ora, como notamos a propósito dos efeitos perversos, é essa mesma inflação que lança a opinião pública à procura de responsáveis capazes de reparar e indenizar. Pode-se então legitimamente perguntar se a suposta inflação do conceito moral de responsabilidade não deve ser relacionada com um deslocamento "a montante" da própria responsabilidade jurídica, transferida para posição mais elevada que a ação e seus efeitos danosos, em direção às necessárias medidas de precaução e de prudência capazes de *prevenir* o dano. Em última análise, ao cabo de uma evolução em que a idéia de risco tivesse conquistado todo o espaço do direito da responsabilidade, subsistiria apenas uma única obrigação, a de garantir-se contra qualquer risco! Desse modo, o jurista estende a mão em direção ao moralista, sob o signo da prudência preventiva.

É o que parece sugerir a evolução fervilhante da idéia *moral* de responsabilidade.

Creio que antes é preciso evidenciar o deslocamento representado pela mudança de *objeto* da responsabilidade, deslocamento que encontra expressão em construções gramaticais novas. No plano jurídico, declara-se o autor responsável pelos *efeitos* de sua ação e, entre estes, pelos danos causados. No plano moral, a responsabilidade é por *outro ser humano, outrem*. É verdade que esse sentido não está ausente do direito civil. O famoso artigo 1.348, já mencionado, dispõe que alguém é responsável, entre outras coisas, pelo dano causado "por pessoas pelas quais deve responder ou por coisas que tenha sob sua guarda". A idéia de pessoas pelas quais se deve responder sem dúvida continua subordinada, em direito civil, à idéia de dano objetivo. No entanto, a transferência em virtude da qual a outra pessoa vulnerável tende a pôr o dano cometido na posição de objeto de responsabilidade é facilitada pela idéia intermediária de encargo confiado. Sou responsável pelo outro *que está a meu cargo*. A responsabilidade já não se reduz ao juízo feito sobre a relação entre o autor da ação e os efeitos desta no mundo; ela se estende à relação entre o autor da ação e aquele que a sofre, à relação entre agente e paciente (ou receptor) da ação. A idéia de pessoa que está a nosso cargo, somada à idéia de coisa que está sob nossa guarda, conduz assim a uma notável ampliação, que faz do vulnerável e do frágil, enquanto coisa posta sob os cuidados do agente, o objeto imediato de sua responsabilidade. Responsável pelo quê? – perguntava-se. Pelo frágil, estamos então inclinados a responder. É verdade que esse deslocamento e essa ampliação não são totalmente inesperados: numa época em que a vítima, o risco de acidentes e o dano sofrido ocupam o centro da problemática do *direito* da responsabilidade, não surpreende que o vulnerável e o frágil sejam considerados no plano *moral* também como objeto verdadeiro da responsabilidade, como a coisa pela qual se é responsável. Mas pode-se também atribuir a esse deslocamento do objeto da responsabilidade uma origem distinta no plano moral, em associação com a promoção da intersubjetividade como tema filosófico maior. Mais precisamente, a seguirmos Emmanuel Lévinas, considera-se que a injunção moral procede de outrem, e não do foro íntimo. Tornando-se fonte de moralidade, o outro é promovido à posição de objeto do cuidado, proporcionalmente à fragilidade e à vulnerabilidade da própria fonte da injunção. O deslocamento transforma-se então em inversão: alguém se torna responsável pelo dano porque, de início, é responsável por outrem.

Mas não é só isso. A esse deslocamento do *objeto* da responsabilidade, dirigida doravante para o outro vulnerável e, por generalização, para a própria condição vulnerável, soma-se outro deslocamento que confere inflexão nova ao anterior. Seria possível falar aqui de ampliação ilimitada do *alcance* da responsabilidade, uma vez que a vulnerabilidade *futura* do homem e de seu meio ambiente se torne ponto focal do cuidado responsável. Devemos entender por alcance a extensão, temporal e espacial, dada à noção de *efeitos* de nossos atos. A pergunta é a seguinte: até onde se estende no espaço e no tempo a responsabilidade por nossos atos? A questão assume toda a sua gravidade quando esses efeitos são vistos como danos que afetam outros seres humanos, em suma, a *poluição*. Até onde se estende a cadeia dos efeitos danosos de nossos atos que ainda podem ser vistos como implicados no princípio, no começo, no *initium* do qual um sujeito é considerado autor? Resposta parcial está contida na consideração da ampliação dos *poderes* exercidos pelos seres humanos sobre outros seres humanos e sobre seu meio ambiente comum. Enunciada em termos de alcance, a responsabilidade se amplia tanto quanto se ampliam nossos poderes no espaço e no tempo. Ora, os atos poluidores vinculados ao exercício desses poderes, sejam eles previsíveis, prováveis ou simplesmente possíveis, ampliam-se tanto quanto nossos próprios poderes. Donde a trilogia: poderes-poluição-responsabilidade. Em outras palavras, quanto mais longe forem nossos poderes, também mais longe irão nossas capacidades de poluir e também mais longe irá nossa responsabilidade pelos danos causados. É assim que se pode justificar, à maneira de Hans Jonas no *Principe responsabilité,* as duas remissões da responsabilidade: a montante, em direção às medidas de precaução e cautela exigidas por aquilo que se chama "heurística do medo"; a jusante, em direção aos efeitos potencialmente destruidores de nossa ação.

Mas também se percebe que novas dificuldades são suscitadas por essa ampliação virtualmente ilimitada do alcance de nossos atos, portanto de nossa responsabilidade. Em três aspectos pelo menos. Surge primeiro a dificuldade de identificar o responsável, no sentido de autor propriamente dito dos efeitos prejudiciais; assim é questionada a conquista, que devemos ao direito penal, da individualização da pena. São miríades de microdecisões singulares, misturadas a um número indefinido de intervenções que ganham sentido no nível dos sistemas instituídos, tais como o sistema ecológico, o burocrático, o financeiro etc., enfim, no nível de todos os sistemas enumerados por J.-M. Ferry com o título "ordens do reconhecimento"[16]. É como se a responsabilidade, ampliando seu raio de ação, diluísse seus efeitos, até tornar inapreensível o autor ou os autores dos efeitos nocivos que devem ser temidos. Segunda dificuldade: até onde pode estender-se no espaço e no tempo uma responsabilidade passível de ser assumida por autores presumivelmente identificáveis da poluição? A cadeia dos efeitos empíricos de nossos atos, conforme observava Kant, é virtualmente infinda. Na doutrina clássica da imputação, a dificuldade, se não é resolvida, está pelo menos contida em limites precisos, visto levarem-se em conta apenas os efeitos já decorridos, portanto os danos já denunciados. Mas que dizer das poluições futuras, algumas das quais, de escala cósmica, que só se revelarão daqui a vários séculos? Terceira dificuldade: o que acontece com a idéia de reparação, mesmo substituída pela idéia de indenização ou de seguro contra o risco, quando não existe nenhuma relação, ainda que tênue, de reciprocidade entre os autores da poluição e suas vítimas?

Só se pode responder parcialmente a essas dificuldades. A orientação retrospectiva que a idéia moral de responsabilidade tinha em comum com a idéia jurídica, orientação em virtude da qual somos eminentemente responsáveis pelo que *fizemos*, deveria ser substituída por uma orientação mais deliberadamente prospectiva, em função da qual a idéia de prevenção da poluição futura se somaria à idéia de reparação dos danos já cometidos. Com base nessa idéia de prevenção, tornar-se-ia possível reconstruir uma idéia de responsabilidade que atendesse aos três motivos de preocupação mencionados há pouco. Seria preciso em primeiro lugar dizer que o sujeito de responsabilidade é aí o mesmo que o sujeito dos poderes geradores da poluição, ou seja, indivisivelmente as pessoas singulares e os sistemas em cujo funcionamento ações individuais intervêm de um modo –

---

16. Jean-Marc Ferry, *Les pouvoirs de l'experience*, t. II, *Les Ordens de la reconnaissance*, Paris, éd. du Cerf, 1991, especialmente pp. 7-115.

digamos – infinitesimal e "homeopático". É nessa escala ínfima, mas real, que se exercitaria o espírito de vigilância, a virtude da prudência própria à responsabilidade a montante. Quanto ao alcance imenso atribuído a nossos atos pela idéia de poluição em escala cósmica, poderá ser pressuposto se introduzirmos a sucessão das gerações. Hans Jonas não está errado ao interpolar, de alguma maneira, o elo inter-humano de filiação entre cada agente e os efeitos distantes. Há então necessidade de um imperativo novo, que nos impõe agir de modo tal que continue havendo seres humanos depois de nós. Diferentemente do segundo imperativo kantiano, que implica certa contemporaneidade entre o agente e seu defrontante, esse imperativo não leva em consideração a duração. Mas – e essa seria a resposta à terceira dificuldade – uma responsabilidade sem consideração de duração seria também uma responsabilidade sem consideração de proximidade e reciprocidade. Pode-se, porém, perguntar o que ocorre com a idéia de solidariedade assim espichada no tempo.

É aqui que se apresentam novas dificuldades, ligadas a um aspecto da prospectiva que não se reduz ao prolongamento no tempo da cadeia das conseqüências da ação. Também é preciso – e isso talvez seja o mais importante – levar em conta o conflito iniciado entre, por um lado, os efeitos intencionais previsíveis e desejados de uma ação e, por outro, aquilo que Robert Spämann chama de seus *efeitos colaterais* (no sentido em que se fala de efeitos colaterais de um medicamento[17]).

Na verdade, é problema bem conhecido dos medievais e já mencionado por Agostinho e, depois, por Abelardo em *Ethica seu Scito teipsum*[18] com o título *Dolus Indirectus*, a ar-

---

17. R. Spämann, "Nebenwirkungen als moralisches Problem", *Philosophisches Jahrbuch*, 1975 (82).
18. Citado por R. Spämann, *ibid*. A distância entre efeitos previstos e efeitos imprevistos é "constitutiva da ação humana. A história humana é a história da resolução sempre em curso dos problemas oriundos das conseqüências não intencionais deixadas para trás pelas resoluções de problemas passados".

ticulação entre intencional e indesejado. A grande casuística do século XVII – inclusive a das *Provinciais* de Pascal – não ignorou o dilema ao qual leva a consideração dos efeitos colaterais, dos quais os efeitos adversos constituem uma espécie de ápice. O dilema é o seguinte: por um lado, a justificação apenas pelas boas intenções equivale a alijar da esfera de responsabilidade os efeitos secundários a partir do momento em que se opta por ignorá-los; o preceito de "fechar os olhos para as conseqüências" transforma-se então em má-fé, aquela de quem "lava as mãos" para as conseqüências. Por outro lado, a assunção de *todas* as conseqüências, inclusive das mais contrárias à intenção inicial, redunda em tornar o agente humano responsável por tudo, de modo indiscriminado; melhor dizer responsável por nada cujo encargo ele possa *assumir*. Conforme observa R. Spämann, assumir o encargo da totalidade dos efeitos é transformar a responsabilidade em fatalismo, no sentido trágico da palavra, ou mesmo em denúncia terrorista: "Você é responsável por todos e culpado de tudo!"

Hegel explicou perfeitamente esse dilema na primeira seção da segunda parte dos *Principes de la philosophie du droit*, dedicada à moralidade subjetiva (*Moralität*)[19]. Esse âmbito da visão moral do mundo não é estranho ao entendimento do dilema. O problema nasce de fato do caráter finito da vontade subjetiva. Essa finitude consiste no fato de que a vontade subjetiva só pode tornar-se ação exteriorizando-se, submetendo-se assim à lei da necessidade exterior[20]. Assim, grande número de efeitos de nossos projetos sobre o curso

---

19. *Principes de la philosophie du droit*, II parte, *La moralité subjective (Moralität)*, primeira seção: "O projeto (*derVorsatz*) e a responsabilidade (*die Schuld*)", § 115-118. [Trad. bras. *Princípios da filosofia do direito*, São Paulo, Martins Fontes, 1997.]

20. "A finitude da vontade subjetiva no imediato da conduta consiste imediatamente no fato de que, para ser efetiva, ela supõe um objeto exterior cercado de condições diversas. O ato introduz uma mudança nessa existência dada, e a vontade é responsável por isso (*hat Schuld überhaupt darin*), uma vez que a realidade modificada contém o predicado abstrato de ser meu" (§ 115).

das coisas escapa ao controle da intenção expressa e se entrelaça com a necessidade exterior. Donde o dilema moral: por um lado seria desejável poder imputar (*Zurechnen*) ao agente apenas as conseqüências da intenção que contenha a marca (*Gestalt*) do objetivo, alma (*Seele*) dessa intenção. Esse elo estreito autoriza a estender o predicado *meu* da intenção aos resultados que, de alguma maneira, dela se originam e continuam assim a lhe *pertencer*. Por outro lado, os efeitos *meus* não esgotam a conseqüencialidade da ação: devido à conexão dos efeitos desejados com a necessidade externa, a ação tem conseqüências que, pode-se dizer, escapam à circunscrição da intenção. Desse dilema resulta que as máximas "Ignore as conseqüências da ação" e "Julgue as ações por suas conseqüências e faça disso o critério do justo e do bom" têm de ser rejeitadas tanto quanto as máximas do entendimento abstrato. Pois até onde se estende o caráter "meu" "das conseqüências" e onde começa o "alheio"?[21] Desse dilema Hegel pretende sair apenas transpondo o ponto de vista da moralidade rumo ao ponto de vista da *Sittlichkeit*, da moral social concreta, que traz em si a sabedoria dos usos, dos costumes, das crenças comuns e das instituições que têm a marca da história.

A questão formulada por Hans Jonas sobre a extensão de nossa responsabilidade em relação à humanidade futura e ao meio ambiente que a condiciona deve ser, a meu ver, reformulada sob a insígnia do dilema hegeliano. Assim, é necessária uma resposta mais complexa do que a simples extensão do imperativo kantiano às gerações futuras. Mesmo sem assumir em bloco a teoria hegeliana da *Sittlichkeit*, pode-se afirmar, na esteira de R. Spämann, que a ação humana só é possível sob a condição de uma arbitragem concreta entre a visão curta da responsabilidade limitada aos

---

21. De todas as conseqüências de minha ação, só "devo prestar contas (*nur an dem Srhuld zu haben*) daquilo que a vontade *sabe* sobre as condições de seu objetivo, daquilo que se encontrava em seu projeto". É "o direito da vontade" "atribuir-se (*zurechnen*) apenas essas conseqüências minhas", § 117-118.

efeitos previsíveis e controláveis de uma ação e a visão longa da responsabilidade ilimitada. A negligência total dos efeitos colaterais da ação tornaria a ação desonesta, mas a responsabilidade ilimitada a tornaria impossível. Sem dúvida constitui sinal da finitude humana o fato de a própria distância entre os efeitos desejados e a totalidade inumerável das conseqüências da ação ser incontrolável e pertinente à sabedoria prática instruída pela história inteira das arbitragens anteriores. Entre a fuga perante a responsabilidade pelas conseqüências e a inflação de uma responsabilidade infinita, é preciso encontrar o meio-termo e repetir com R. Spämann o preceito grego: "Nada em demasia".

É nesta última perplexidade que deteremos nossa investigação. Para concluir, perguntaremos simplesmente qual pode ser o efeito dos desenvolvimentos que acabamos de descrever sobre a discussão anterior do direito da responsabilidade. Sou tentado a dizer: um efeito ambíguo.

Por um lado, o deslocamento do *objeto* da responsabilidade para o outrem vulnerável e frágil tende incontestavelmente a fortalecer o pólo imputação no par imputação singular/risco compartilhado: à medida que alguém é responsabilizado por injunção moral proveniente de outrem, a seta de tal injunção mira um sujeito capaz de se designar como autor de seus atos. Desse modo é imposto um limite à socialização dos riscos e ao mutualização anônima das indenizações.

Por outro lado, a extensão do *alcance* da responsabilidade no espaço e, sobretudo, seu prolongamento no tempo podem ter efeito inverso, uma vez que o sujeito da responsabilidade se torna inapreensível à força de ser multiplicado e diluído. Ademais, a distância no tempo entre a ação prejudicial e seus efeitos nocivos, subtraindo qualquer significado à idéia de reparação, inclina a fortalecer o pólo da socialização dos riscos a expensas do pólo da imputação da ação. Mas pode-se dizer também que, substituída a idéia de reparação pela idéia de precaução, o sujeito é de novo responsabilizado pelo apelo à virtude da prudência.

Acaso não se poderia até dizer que, em vez de se oporem polarmente, imputação e risco se sobrepõem e se reforçam mutuamente, visto que, numa concepção preventiva da responsabilidade, o que nos é imputável são os riscos não cobertos?

Enfim, o dilema criado pela questão dos *efeitos colaterais* da ação, entre os quais se classifica a *poluição,* levou-nos de volta à virtude da prudência. Mas já não se trata da prudência no sentido fraco de prevenção, e sim da *prudentia,* herdeira da virtude grega da *phrónesis,* em outras palavras, no sentido de juízo moral circunstanciado. De fato é a essa prudência, no sentido forte da palavra, que cabe a tarefa de reconhecer entre as inúmeras conseqüências da ação aquelas pelas quais podemos legitimamente ser considerados responsáveis, em nome de uma moral da circunspecção. Finalmente, é esse apelo ao *juízo* que constitui a mais forte defesa da manutenção da idéia de imputabilidade, submetida aos assaltos das idéias de solidariedade e de risco. Se esta última sugestão for válida, então os teóricos do direito da responsabilidade, preocupados em manter a justa distância entre as três idéias – imputabilidade, solidariedade e risco compartilhado –, encontrariam apoio e incentivo em desenvolvimentos que à primeira vista pareciam fazer a idéia de responsabilidade derivar para bem longe do conceito inicial de obrigação de reparar ou de sofrer a pena.

É possível uma teoria puramente procedimental da justiça?
A propósito de Uma teoria da justiça *de John Rawls*

Como justificar a escolha de John Rawls por uma investigação sobre a idéia de justiça[1]? Com duas razões principais. Primeira razão: Rawls se situa manifestamente na linhagem de Kant, mais que de Aristóteles. Lembro que a teoria da justiça – entendida por Aristóteles como uma virtude particular, a saber, a justiça distributiva e corretiva –, tal como todas as outras virtudes, extrai sentido do âmbito *teleológico* de pensamento que a correlaciona com o bem, pelo menos do modo como ele é compreendido pelos humanos; ora, com Kant ocorreu uma inversão de prioridade em benefício do justo e à custa do bom, de tal modo que a justiça assume sentido num âmbito *deontológico* de pensamento.

Segunda razão: enquanto em Kant a idéia de justo se aplica principalmente às relações de pessoa a pessoa, em Rawls a justiça se aplica principalmente às instituições – ela é a virtude por excelência das instituições – e apenas secundariamente aos indivíduos e às nações consideradas como indivíduos no teatro da história. Ora, essa abordagem deontológica em matéria de moralidade só pôde sustentar-se no plano institucional apoiando-se na ficção de um contrato social graças ao qual certo grupo de indivíduos chega a su-

---

1. John Rawls, *Théorie de la justice,* Paris, Seuil, 1987 (tradução de Catherine Audard, título original *A Theory of Justice,* Cambridge (Mass.), The Belknap Press of Harvard University Press, 1971).

perar o suposto estado primitivo de natureza para ascender ao estado de direito. Esse encontro entre uma perspectiva deliberadamente deontológica em matéria moral e a corrente contratualista no plano das instituições constitui o problema central tratado por Rawls. A questão pode ser formulada nos seguintes termos: essa conexão é contingente? Acaso uma abordagem deontológica em matéria moral estará logicamente vinculada a um procedimento contratualista, quando a virtude é aplicada a instituições, e não a indivíduos, como ocorre com a virtude da justiça? Que espécie de vínculo existe entre uma *perspectiva* deontológica e um *procedimento* contratualista?

Minha hipótese é de que esse vínculo não é de modo algum contingente, visto que o objetivo e a função de um *procedimento* contratualista é garantir a primazia do justo sobre o bem, substituindo todo e qualquer compromisso referente a um pretenso bem comum pelo próprio procedimento de deliberação. Segundo essa hipótese, pressupõe-se que o procedimento contratual engendra o princípio ou os princípios de justiça. Se estiver aí mesmo a questão principal, todo o problema da justificação da idéia de justiça gira em torno da seguinte dificuldade: uma teoria contratualista será capaz de substituir pela abordagem procedimental toda e qualquer tentativa de fundamentar a justiça em algumas convicções prévias pertinentes ao bem do todo, o bem comum da *politeía,* o bem da república ou do *Commonwealth*?

É exatamente a essa questão fulcral que Rawls dá a resposta mais vigorosa já apresentada na época contemporânea. Sua tentativa é de resolver o problema que Kant deixou sem solução na *Rechtslehre* (§ 46-47): como passar do primeiro princípio da moralidade, a autonomia, entendida em seu sentido etimológico (a saber, a liberdade, em sendo racional, impõe a si mesma a lei como regra de universalização de seus próprios princípios de ação), ao contrato social, em virtude do qual uma multidão renuncia à liberdade externa para recuperá-la na qualidade de membro de uma república? Em outros termos, qual é o elo entre autonomia e contrato social? Esse elo é pressuposto, mas não justificado, por Kant.

Agora, se a tentativa de Rawls pudesse ter sucesso, caberia dizer que uma concepção puramente procedimental da justiça pode ter sentido sem nenhuma pressuposição pertinente ao bem e até livrar o justo da tutela do bem, no que se refere às instituições e, por implicação, no que se refere aos indivíduos e às nações consideradas como indivíduos.

Para adiantar a discussão ulterior, permitam-me dizer que minha principal objeção consistirá em dizer que um sentido moral da justiça, baseado na Regra de Ouro – "Não faças a outrem o que não gostarias que te fizessem" – está desde sempre pressuposto pela justificação puramente procedimental do princípio de justiça. Mas deve ficar bem entendido que essa objeção não equivale a uma refutação da teoria rawlsiana sobre a justiça, o que não teria interesse e seria até totalmente ridículo. Ao contrário, ela se refere a uma espécie de defesa indireta do primado desse sentido moral da justiça, uma vez que a extraordinária construção de Rawls extrai sua dinâmica subjacente do próprio princípio que ele pretende engendrar com seu procedimento puramente contratual. Em outros termos, é a circularidade do argumento de Rawls que, a meu ver, constitui uma defesa indireta da busca de fundamentação ética do conceito de justiça. Por conseguinte, essa circularidade estará em jogo durante toda a minha investigação da teoria da justiça de Rawls.

Fica totalmente claro e, aliás, é abertamente professado por Rawls que sua *Théorie de la justice* propõe o primado do justo sobre o bom. O que falta mostrar agora é que a retomada da tradição contratualista garante esse primado, igualando o justo a um procedimento específico, considerado *fair* – eqüitativo.

É importante dizer de início que toda a sua teoria é dirigida contra uma outra versão da concepção teleológica de justiça, a saber, o utilitarismo que predominou no mundo de língua inglesa durante dois séculos e teve em John Stuart

Mill e Sedgwick os defensores mais eloqüentes. Esse ponto nunca deverá ser esquecido na discussão que segue. Quando Rawls fala de abordagem teleológica, não está pensando em Platão ou Aristóteles, que dão ensejo apenas a algumas notas de rodapé, mas sim na concepção utilitarista de justiça. Realmente, o utilitarismo é uma doutrina teleológica porquanto define a justiça por meio da maximização do bem para a maioria. Quanto a esse bem, aplicado a instituições, nada mais é que a extrapolação de um princípio de escolha construído no nível do indivíduo, segundo o qual os prazeres simples, as satisfações imediatas, deveriam ser *sacrificados* em nome de prazeres ou satisfações maiores, ainda que distantes. Veremos adiante de que maneira o segundo princípio de justiça, de acordo com Rawls, se opõe diametralmente à versão utilitarista de justiça: *max*imizar a parte *mín*ima numa situação de partilha desigual; essa regra, que será chamada de regra do *maximin,* difere totalmente da regra de maximizar o interesse da maioria. A primeira idéia que nos vem à mente é que há um fosso ético entre a concepção teleológica do utilitarismo e a concepção deontológica em geral: extrapolando do indivíduo ao todo social como faz o utilitarismo, a noção de sacrifício assume um aspecto temível; já não é um prazer pessoal o *sacrificado,* mas toda uma camada social; o utilitarismo, como afirma Jean-Pierre Dupuy, discípulo francês de René Girard, implica tacitamente um princípio sacrificial que equivale a legitimar a estratégia do bode expiatório. A refutação kantiana consistiria em dizer que o menos favorecido numa divisão desigual de vantagens não deveria ser sacrificado, porque ele é uma pessoa, o que é um modo de dizer que, segundo o princípio sacrificial, a vítima potencial da distribuição seria tratada como um meio, e não como um fim em si. Em certo sentido, essa também é a convicção de Rawls, como tentarei mostrar adiante. Mas, se é sua convicção, não é seu argumento. Ora, o que conta é este. O livro inteiro é uma tentativa de deslocar a questão de base em benefício de uma questão de acordo mútuo, o que constitui o próprio tema de toda teoria contratualista da justiça. A teoria rawlsiana da justiça é, sem dúvida alguma, uma teoria deontológica, uma vez que se opõe à abordagem teleológica do utilitarismo, mas é uma deontologia sem fundamento transcendental. Por quê? Porque é função do contrato social extrair os conteúdos dos princípios de justiça de um procedimento eqüitativo (*fair*), sem nenhum compromisso com alguns critérios objetivos de justo, para evitar, segundo Rawls, que se acabe por reintroduzir algumas pressuposições referentes ao bem. Dar uma solução procedimental à questão do justo é o objetivo declarado de *Théorie de la justice* de Rawls. Procedimento *eqüitativo* em vista de um arranjo *justo* das instituições: é exatamente esse o significado do título do capítulo I: "A justiça como eqüidade [*fairness*]."

A *eqüidade* caracteriza, em primeiro lugar, o procedimento de deliberação que deveria conduzir à escolha dos princípios de justiça preconizados por Rawls, ao passo que a *justiça* designa o conteúdo dos princípios escolhidos. Dessa maneira, o livro inteiro visa a fornecer uma versão contratualista da autonomia kantiana. Para Kant, lei é aquela que a própria liberdade se imporia, se subtraída à inclinação dos desejos e do prazer. Para Rawls, instituição justa seria aquela que uma pluralidade de indivíduos razoáveis e desprendidos escolheriam, caso pudessem deliberar numa situação que seria, ela mesma, eqüitativa; em outras palavras, uma posição cujas condições e injunções mostraremos em breve. Insisto: a tendência principal do livro é substituir, na medida do possível, soluções fundacionais por soluções procedimentais para a questão do justo. Daí a inflexão construtivista ou mesmo artificialista que o livro tem em comum com o restante da tradição contratualista. Quando subordinado ao bem, o justo está por se descobrir; quando engendrado por meios puramente procedimentais, o justo está por construir: não é conhecido de antemão; supostamente resulta da deliberação numa condição de equidade absoluta. Para dramatizar todas as implicações da questão, sugiro dizer que a justiça como eqüidade – como eqüidade procedimental – tem em vista resolver o famoso paradoxo do legislador em Rousseau. Lê-se no *Contrat social*:

> Para descobrir as melhores regras de sociedade que convêm às nações, seria preciso uma inteligência superior que visse todas as paixões humanas e que não sentisse nenhuma; que não tivesse nenhuma relação com nossa natureza e a conhecesse a fundo; cuja felicidade fosse independente de nós, mas que tivesse a boa vontade de cuidar da nossa; enfim, que no progresso dos tempos tivesse granjeado uma glória longínqua, que pudesse trabalhar num século e folgar em outro. Seria preciso que os deuses criassem leis para os homens.[2]

A justiça como eqüidade pode ser entendida como a solução *terrestre* desse paradoxo. Essa ambição temível pode explicar a fascinação que o livro de Rawls exerceu durante cerca de vinte anos sobre amigos e adversários.

Depois dessa longa introdução, proponho-me apresentar as respostas que Rawls dá às três perguntas seguintes:

1 – O que garantiria a *eqüidade* da situação de deliberação da qual pudesse resultar um acordo referente a uma organização *justa* das instituições? A essa questão corresponde a imaginação da "posição original" e a famosa alegoria que a acompanha, a do "véu de ignorância".

2 – Que *princípios* seriam escolhidos sob o véu de ignorância? A resposta a essa pergunta está na descrição e na

---

2. J.-J. Rousseau, *Du Contrat social*, texto original publicado por M. Halbwachs, Paris, Aubier, éditions Montaigne, 1943, livro II, cap. I, pp. 179-80 [trad. bras. *O contrato social*, São Paulo, Martins Fontes, 4ª ed., 2006] Comp. também (p. 183): "Aquele que redige as leis não deve ter nenhum direito legislativo"; ou também: "Uma empresa acima da força humana e, para executá-la, uma autoridade que nada é." Mais adiante, o paradoxo se transforma em circularidade: "Seria preciso que o efeito pudesse tornar-se causa, que o espírito social, que deve ser obra da instituição, presidisse a própria instituição; e que os homens fossem, antes das leis, aquilo que eles devem vir a ser por meio delas... [Portanto] é de necessidade que [o legislador] recorra a uma autoridade de outra ordem, que possa arrastar sem violência e persuadir sem convencer." Foi em razão dessa dificuldade que, segundo Rousseau (*ibid.*, p. 185), se impôs a intervenção do Céu e dos Deuses. (N. do Ed. Fr.)

interpretação dos dois "princípios de justiça" e em sua ordenação correta.

3 – Que *argumento* poderia convencer as partes deliberantes a escolher unanimemente os princípios rawlsianos de justiça em vez de, digamos, uma variante qualquer do utilitarismo? A resposta está no chamado argumento *maximin* extraído da teoria dos jogos e transposto de sua primeira aplicação para o plano econômico.

Só depois de termos apresentado com neutralidade essas três teses cardeais, parece-nos lícito voltar à questão filosófica formulada acima, a saber, se e em que medida uma concepção puramente procedimental da justiça pode substituir uma fundamentação ética de nosso senso sociopolítico de justiça.

A posição original

Conforme dissemos, um acordo é eqüitativo se a situação de partida é eqüitativa. A partir daí, a justiça, entendida como eqüidade, assenta na eqüidade daquilo que Rawls chama de situação ou posição original. Cabe dizer duas coisas para começar. A primeira é que essa situação, essa posição, não é histórica, mas hipotética ou imaginária:

> Precisamos imaginar que aqueles que se engajam na cooperação social escolhem juntos, num ato comum, os princípios destinados a atribuir os direitos e os deveres básicos e a determinar o rateio dos benefícios sociais.

Na próxima seção, voltarei à concepção subjacente de justiça social como um processo ou um procedimento de distribuição, como davam a entender os dois termos, atribuir e ratear. Minha ênfase recai em: "Precisamos imaginar". Isso me leva à minha segunda observação introdutória: "Na justiça como eqüidade, a posição original de igualdade corresponde ao estado de natureza na teoria tradicional do contrato social." De fato, a posição original substitui o estado de natureza por ser uma posição de igualdade. Todos se lembram de que em Hobbes o estado de natureza se caracterizava como a guerra de todos contra todos e, conforme destacou Léo Strauss, como um estado em que cada um é movido pelo medo da morte violenta. Portanto, o que está em jogo em Hobbes não é a justiça, mas a segurança. Rousseau e Kant, sem comungarem a antropologia pessimista de Hobbes, descrevem o estado de natureza como sem lei, ou seja, sem nenhum poder que arbitre entre reivindicações opostas. Em compensação, os princípios de justiça poderão tornar-se objeto de escolha comum se e somente se a posição original for eqüitativa, ou seja, igual. Ora, ela só pode ser eqüitativa numa situação puramente hipotética.

O discernimento das injunções que a condição original deve satisfazer para ser considerada igual em todos os aspectos exige uma parcela enorme de especulação: esta encontra apoio intuitivo na fábula do "véu de ignorância" – à qual Rawls deve grande parte de sua reputação.

A idéia é a seguinte:

> Uma das características essenciais dessa situação é que ninguém conhece seu lugar na sociedade, sua posição de classe ou seu estatuto social, ninguém tampouco conhece sua sorte na distribuição dos bens naturais, sua inteligência, sua força e coisas semelhantes. Eu admitiria até que as partes não conhecem sua concepção de bem ou suas inclinações psicológicas particulares.

Seria possível pensar que esse estado imaginário de ignorância reintroduz algo equivalente à vontade transcendental segundo Kant, que também é independente de qualquer fundamento empírico e, conseqüentemente, de qualquer referência a fins e valores; em suma, é desprovido de qualquer implicação teleológica. Mas essa equiparação é falaciosa. O sujeito, segundo Rawls, tem interesses terrenos, mas não sabe o que serão eles efetivamente. Nesse aspecto, seria possível falar de posição filosófica intermediária entre transcendentalismo e empirismo, o que não contribui para facilitar a descrição exata daquilo que Rawls entende por posição original. Essa opacidade se reflete principalmente nas respostas que Rawls dá à questão do que os indivíduos *devem conhecer* sob o véu de ignorância para que sua escolha recaia em coisas realmente terrenas, ou seja, não apenas em direitos e deveres, mas no rateio de benefícios sociais. Em outros termos, uma vez que a escolha recairá em interesses conflitantes, os parceiros situados sob o véu de ignorância deverão ter conhecimento do que significa: "estar interessado". Há, de fato, um problema de justiça desde que esteja em jogo uma divisão apropriada de *vantagens* sociais. A partir daí os parceiros precisam não só ser pessoas livres e racionais, mas pessoas preocupadas em promover seus próprios interesses. Donde a primeira condição imposta à posição inicial, a saber, que cada parceiro tenha conhecimento suficiente da psicologia geral da humanidade, no que se refere às paixões e motivações fundamentais. Rawls reconhece francamente que sua antropologia filosófica está muito próxima da de Hume no *Traité de la nature humaine* (livro III), relativamente a necessidades, interesses, fins e reivindicações conflituosas, inclusive "os interesses de um eu que considera sua concepção do bem digna de reconhecimento e apresenta reivindicações a seu favor, como merecedoras de satisfação". Rawls chama essas condições de "circunstâncias da justiça" (§ 22).

Em segundo lugar, os parceiros precisam saber o que se presume que todo ser razoável deva querer possuir, a saber, os *bens sociais primários* sem os quais o exercício da liberdade seria uma reivindicação vazia. Nesse sentido, é importante notar que o *auto-respeito* pertence a essa lista dos bens primários. Desse modo, uma abordagem puramente deontológica da noção de justo não está desprovida de considerações teleológicas, pois estas já estão presentes na situação original (§ 15: "Os bens sociais primeiros como bases de expectação"). Na situação original, os indivíduos não sabem o que será sua própria concepção de bem, mas sabem que os seres humanos preferem ter mais bens sociais primários do que menos.

Em terceiro lugar, como a escolha é entre várias concepções de justiça, os parceiros que deliberam atrás do véu de ignorância precisam ter informações convenientes sobre os princípios de justiça em competição. Precisam conhecer os argumentos utilitários e, ironicamente, precisam conhecer os princípios rawlsianos de justiça, pois a escolha não é entre leis particulares, mas entre concepções globais de justiça. Por isso é que na obra de Rawls os princípios de justiça são descritos e interpretados *antes* do tratamento temático da posição original (na *parte crítica* desta apresentação, voltarei ao problema que chamo de *"ordem das razões"*). As alternativas abertas às pessoas na posição original devem ser apresentadas em detalhes e com todas as suas aplicações (§ 21: "Apresentação das alternativas"). O contrato consiste precisamente em atribuir uma posição às teorias alternativas da justiça (*ranking options*).

Não é só isso: Rawls deseja acrescentar, também, aquilo que ele chama de "injunções formais do conceito de justo", ou seja, injunções que valem para a escolha de todo e qualquer princípio ético, e não apenas dos de justiça. A *publicidade* é a mais importante delas. Veremos depois que o utilitarismo não tolera essa espécie de transparência, uma vez que o princípio sacrificial por ele implicado precisa ficar oculto, e não ser publicado. Todos os parceiros devem ser iguais em termos de informação, motivo pelo qual a apresentação das alternativas e dos argumentos deve ser pública. Outra injunção é o que Rawls chama de *estabilidade* do contrato, ou seja, a antecipação de que ele será coercitivo na vida real, quaisquer que sejam as circunstâncias reinantes[3].

Em resumo:

a) O véu de ignorância tem um propósito básico, a saber, "pôr em prática um procedimento eqüitativo tal, que todos os princípios sobre os quais houver acordo serão jus-

---

3. Veremos, no estudo dedicado aos artigos publicados por J. Rawls depois de *Théorie de la justice*, que essa exigência de *estabilidade* deu ensejo a modificações ulteriores da teoria.

tos. O objetivo é empregar a noção de justiça procedimental como base da teoria". Esse elo entre a imaginação do véu de ignorância e a procura de uma concepção puramente procedimental de justiça não deveria ser subestimado. A justiça procedimental constitui uma alternativa integral à justiça substantiva regulada por pressupostos compartilhados sobre o bem comum.

b) A justiça procedimental é justiça porque atrás do véu de ignorância são anulados *os efeitos de contingência específica*. O véu de ignorância garante a eqüidade da situação de partida.

c) A partir daí o argumento continua: "Como as diferenças entre as partes são ignoradas por elas e como cada um é igualmente racional e está situado de maneira semelhante, cada um é convencido pelo mesmo argumento." E ainda: "Se, depois de reflexão, alguém preferir uma concepção da justiça a outra, então todos o farão, e poderá ser atingido um acordo unânime."

Resumirei do seguinte modo: na situação original, é perfeita a equação entre "cada um" e "todos".

*Que princípios de justiça seriam escolhidos
sob o véu de ignorância?*

Antes de considerar em pormenores a formulação precisa dos dois princípios de justiça, cumpre fazer duas observações gerais sobre o "sujeito da justiça".

Primeira observação: a justiça não é de saída uma virtude intersubjetiva, uma virtude que reja relações bilaterais, mas sim instituições: "A justiça é a primeira virtude das instituições sociais, assim como a verdade o é dos sistemas de pensamento." Essa primeira asserção parece coadunar-se mais com a concepção platônica de justiça do que com a de Aristóteles. A justiça é a virtude do todo (*República,* livro IV). No entanto, na *Ética nicomaquéia,* livro V, Aristóteles considera a justiça distributiva como uma justiça particular ou parcial em relação à justiça em geral, que outra não é senão a obediência às leis da Pólis. Por que parcial ou particular? Primeiramente, porque ligada a uma situação específica, a da distribuição ou divisão de bens, honrarias e vantagens. Além disso, a espécie de igualdade própria à justiça não é a igualdade aritmética, mas a igualdade proporcional, ou seja, a igualdade entre relações: de parceiros e de partes; a relação de um parceiro com uma parte deve ser igual à relação do outro parceiro com a outra parte. Desse modo, uma vez que Platão parece mais holístico que Aristóteles, Rawls parece estar na linha de Platão, e não na de Aristóteles. Mas nossa segunda observação vai corrigir essa conclusão: a concepção rawlsiana de justiça é, *ao mesmo tempo*, holística e distributiva. Nisso, Rawls se alia a Aristóteles sem trair Platão. A citação abaixo explica o que estou tentando sugerir:

> O sujeito primário da justiça é a estrutura básica da sociedade ou, mais exatamente, a maneira como as principais instituições sociais distribuem os direitos e os deveres fundamentais e determinam o rateio das vantagens da cooperação social.

Assim, o sistema social é, primariamente, um processo de distribuição: distribuição de papéis, estatutos, vantagens e desvantagens, benefícios e encargos, obrigações e deveres. Os indivíduos são parceiros: *tomam parte*, uma vez que a sociedade distribui *partes*. Essa concepção da sociedade como processo distributivo possibilita superar a oposição clássica entre uma concepção holística da sociedade, tal como a de Durkheim, e o individualismo epistemológico de Max Weber. Se essa oposição tivesse algum valor, haveria uma contradição evidente entre a afirmação de que o sujeito primário da justiça é a estrutura básica da sociedade e a tentativa de extrair as regras básicas da sociedade de um contrato. Uma vez que a sociedade é "uma aventura cooperativa em vista da vantagem mútua", é preciso representá-la ao mesmo tempo como um todo irredutível e como um sistema de inter-relações entre os indivíduos. A justiça pode então ser vista como a virtude de instituições, mas de instituições que visem à promoção do bem daqueles que tomam parte nela. Tomar parte não é um traço marginal, visto que as instituições, por um lado, têm uma função distributiva, e, por outro, os indivíduos são definidos como parceiros. Por isso, a escolha racional deve ser feita em comum, com a perspectiva de um acordo final sobre a melhor maneira de governar a sociedade. Isso explica também em que sentido a justiça como justiça distributiva pode ter como sujeito primário a estrutura básica da sociedade: essa estrutura básica é, por sua vez, um fenômeno de distribuição (isso torna inoperantes as objeções de R.-P. Wolff[4], que entende erroneamente a distribuição como um fenômeno puramente econômico, oposto à produção, num estilo quase marxista). Além disso, na mesma medida em que, como sistema, é um fenômeno de distribuição, a sociedade é também um fenômeno problemático, um campo de alternativas possíveis; como há várias maneiras de distribuir, de ratear vantagens e desvantagens, a sociedade é desde o início um fenômeno consensual-conflituoso; por um lado, toda alocação pode ser contestada, especialmente, como veremos, num contexto de repartição desigual; por outro lado, uma distribuição estável exige um consenso sobre os procedimentos para o arbítrio entre reivindicações concorrentes. Os princípios da justiça que agora vamos considerar referem-se exatamente a essa situação problemática engendrada pela exigência de repartição eqüitativa e estável.

Dito isto, podemos agora considerar os dois princípios da justiça.

Deixo de lado a formulação definitiva e completa que resulta da demonstração complexa que será objeto da terceira parte de minha apresentação. Cito Rawls (p. 91):

> A primeira apresentação dos dois princípios é a seguinte: em primeiro lugar, cada pessoa deve ter um direito igual

---

4. R.-P. Wolff, *Understanding Rawls*, Princeton, Princeton University Press, 1977.

ao sistema mais extenso de liberdades básicas e iguais para todos que seja compatível com o mesmo sistema para os outros. Em segundo lugar, as desigualdades sociais e econômicas devem ser organizadas de modo que, ao mesmo tempo, a) – se possa razoavelmente esperar que elas sejam vantajosas para cada um e b) – elas estejam vinculadas a posições e a funções abertas a todos.

O primeiro princípio, portanto, garante as liberdades iguais da cidadania (liberdade de expressão, de reunião, de voto, de eligibilidade para as funções públicas). O segundo princípio aplica-se a uma condição de desigualdade e afirma que certas desigualdades devem ser consideradas preferíveis mesmo a um rateio igualitário. Continuo citando (p. 92):

> O segundo princípio aplica-se, na primeira aproximação, ao rateio da renda e da riqueza e às linhas gerais das organizações que utilizem *diferenças* de autoridade e responsabilidade. [Donde o nome de princípio de diferença]. Embora o rateio da riqueza e da renda não precise ser igual, deve ser vantajoso para cada um e, ao mesmo tempo, as posições de autoridade e de responsabilidade devem ser acessíveis a todos. Aplica-se o segundo princípio mantendo-se as posições abertas, pois, ao mesmo tempo que se respeita essa injunção, organizam-se as desigualdades econômicas e sociais de tal maneira, que cada uma delas aufira benefício.

Tão importante quanto o conteúdo desses princípios é a regra de prioridade que os interliga. Rawls fala aqui de ordem serial:

> Esses princípios devem ser dispostos segundo uma ordem lexical, sendo o primeiro princípio anterior ao segundo. Essa ordem significa que atentados às liberdades básicas e iguais para todos, que são protegidas pelo primeiro princípio, não podem ser justificadas ou compensadas por vantagens sociais ou econômicas maiores. (p. 92)

Essa idéia de ordem lexical colide frontalmente com o marxismo e com o utilitarismo. Rawls chama essa ordem de *lexical* ou *lexicográfica* por uma razão simples: num dicionário, a primeira letra é lexicalmente primeira, no sentido de que nenhuma compensação no nível das letras ulteriores poderá apagar o efeito negativo que resultaria da substituição daquela primeira letra por qualquer outra letra; essa impossível substituição dá à primeira letra um peso infinito. No entanto, a ordem seguinte não está desprovida de peso, pois as letras ulteriores fazem a diferença entre duas palavras que comecem do mesmo modo. A ordem lexical confere um peso específico a todos os constituintes, sem os tornar mutuamente substituíveis. Aplicado à teoria da justiça: nenhuma perda de liberdade, seja qual for seu grau, pode ser compensada por um aumento de eficácia econômica. Não se compra bem-estar à custa de liberdade. Os comentadores que se concentraram no segundo princípio fora da ordem lexical equivocaram-se gravemente; isto porque a ordem lexical não atua apenas entre os dois princípios, mas entre as duas partes do segundo princípio. Os menos favorecidos em termos econômicos devem ser considerados lexicamente prioritários em relação a todos os outros parceiros. É o que Jean-Pierre Dupuy designa como implicação anti-sacrificial do princípio de Rawls. Aquele que poderia ser vítima não deveria ser sacrificado em vista do bem comum.

Agora, por que dois princípios, e não um só: um princípio igualitário e um princípio não igualitário? Porque no nível econômico a soma total por ratear não é fixada de antemão, mas depende do modo como é rateada. As diferenças de produtividade resultam da maneira como a distribuição é organizada. Num sistema de igualdade aritmética, a produtividade poderia ser tão baixa, que mesmo o menos favorecido seria lesado. Existe um grau no qual a redistribuição social se torna contraprodutiva. É nesse momento que o princípio de diferença entra em jogo. Rawls fica, assim, preso entre dois grupos de adversários. À direita, ele é acusado de igualitarismo (prioridade absoluta para os mais desfavorecidos). À esquerda, é acusado de legitimar a desigualdade. Ao primeiro grupo Rawls responde: numa situação de desigualdade arbitrária, as vantagens dos mais favorecidos seriam ameaçadas pela resistência dos pobres ou simplesmente pela falta de cooperação deles. Ao segundo grupo: uma solução mais igualitária seria rejeitada unanimemente porque todos sairiam perdendo. O princípio de diferença seleciona a situação mais igualitária compatível com a regra de unanimidade.

Esta última asserção conduz a uma terceira questão: por quais razões os parceiros situados sob o véu de ignorância prefeririam esses princípios em sua ordem lexical a qualquer versão do utilitarismo? É aí que a implicação antisacrificial da teoria rawlsiana da justiça passa para o primeiro plano, e é aí também que meu próprio argumento encontra seu ponto de partida.

O argumento

O argumento refere-se, principalmente, ao princípio de diferença. Extraído da teoria da decisão num contexto de incerteza, esse argumento é designado com o termo *maximin*: os parceiros escolheriam o arranjo que maximizasse a parte mínima. Aqui, é difícil não transpor para a situação original uma psicologia individual, digamos a do jogador de pôquer; mas isso não é possível, pois a psicologia pessoal é, precisamente, o que cada parceiro ignora. A partir daí, a única motivação que resta na situação original é a de parceiros comprometidos uns com os outros a respeitar um contrato cujos termos foram publicamente definidos e unanimemente aceitos: o contrato engendra vínculos, e o compromisso obriga. Ninguém se obrigará se tiver alguma dúvida quanto à sua capacidade de cumprir a promessa. O motivo é tanto mais injuntivo porque o acordo deve ser final e seu objeto nada mais é que a estrutura básica da sociedade. Se duas concepções de justiça entram em conflito e se uma delas possibilita uma situação que alguém não possa aceitar enquanto a outra excluiria essa possibilidade, então prevalece a segunda. Toda a tentativa de Rawls gira em torno da demonstração de que, na hipótese utilitarista, o detentor da posição menos favorecida é a vítima sacrificial, enquanto a concepção da justiça por ele defendida seria única a convertê-lo em parceiro igual. Isso basta para provar a superioridade da segunda tese.

Esse ponto pode ser demonstrado sem se assumirem todas as complexidades do argumento do *maximin*. Numa sociedade que professasse publicamente os princípios de Rawls, o menos favorecido saberia que sua posição extrai vantagem máxima das desigualdades por ele percebidas. Desigualdades menores o vitimariam ainda mais. Quanto ao mais favorecido, que parece ser menos favorecido do que o são de fato seus semelhantes em todas as sociedades conhecidas, ficaria convencido pelo argumento de que sua perda relativa, comparada à posição mais favorável que uma distribuição menos eqüitativa lhe garantiria, seria compensada pela cooperação de seus parceiros, sem o que estaria ameaçado o privilégio relativo deles. Ao passo que, numa sociedade que se declarasse publicamente utilitarista, os menos favorecidos estariam numa situação totalmente diferente. Seriam solicitados a considerar que o maior bem-estar do conjunto é razão suficiente para legitimar sua má sorte. Precisariam concordar em ver-se e ser vistos pelos outros como o bode expiatório do sistema. Na verdade, a situação seria pior; um sistema cinicamente utilitarista é incapaz de satisfazer a regra de publicidade. O princípio sacrificial implicado pelo utilitarismo deve permanecer oculto para ser eficaz. Essa é mais uma razão para rejeitar a concepção utilitarista da justiça na situação originária.

Discussão

Posso agora voltar à minha pergunta inicial. Pode-se substituir uma fundamentação ética da justiça por uma concepção puramente procedimental? Ao fim e ao cabo, é isso o que está em jogo em toda teoria contratualista da justiça.

Minha tese é que uma concepção procedimental de justiça fornece, na melhor das hipóteses, uma racionalização de um sentido de justiça que está sempre pressuposto. Com esse argumento não pretendo de modo algum refutar Rawls, mas apenas desenvolver suas pressuposições que me parecem inevitáveis. Procederei em três etapas.

1. Consideremos de início a "ordem das razões" seguida pela obra de Rawls (para empregar a expressão cartesiana). A meu ver, o que prevalece no conjunto da obra não é uma ordem *lexical*, como aquela que funciona entre os princípios da justiça, mas uma ordem *circular* que, também na minha opinião, é característica de toda reflexão ética. O leitor pode ficar surpreendido pelo fato de que os princípios de justiça sejam definidos e até desenvolvidos (§ 11-12) antes do exame das circunstâncias da escolha (§ 20-25), por conseguinte antes do tratamento temático do véu de ignorância (§ 24) e, de modo mais significativo, antes da demonstração de que esses princípios são os únicos racionais (§ 26-30). Isso não impede que Rawls caracterize de antemão os dois princípios de justiça como os que seriam escolhidos na situação originária. De fato, já no parágrafo 3, Rawls afirma que os princípios de justiça são:

> os princípios que pessoas livres e racionais, preocupadas em promover seu próprio interesse, aceitariam numa posição inicial de igualdade que definisse os termos fundamentais de sua associação.

Desse modo, a teoria é formulada como um todo, independentemente de qualquer ordem realmente serial que ensejasse a formulação dos dois princípios, a situação originária, o véu de ignorância e a escolha racional. Sem essa antecipação, não se poderia identificar a justiça como eqüidade:

> Seria possível dizer que a posição originária é o *status quo* inicial apropriado e, assim, o acordo fundamental atingido é eqüitativo.

Isso explica a adequação do título do capítulo 1: "Justiça como eqüidade"; assim é introduzida a idéia de que "os princípios de justiça são aceitos numa situação inicial que é, ela mesma, eqüitativa". Não é apenas o critério da situação original que deve ser antecipado, mas mesmo suas características principais, a saber, a idéia de que os parceiros têm interesses, mas não sabem quais, e, ademais, que "uns não têm interesse pelos interesses dos outros".

Essa é a estranha condição da "ordem das razões". Por um lado, os princípios de justiça são amplamente definidos e interpretados antes que seja apresentada a prova de que esses princípios são os que seriam escolhidos na situação originária; por outro lado, o acordo originário deve ser antecipado, para que a formulação dos dois princípios adquira alguma pertinência. O próprio Rawls ratifica essa circularidade; quando introduz pela primeira vez os princípios de justiça, observa:

> Apresentarei agora, de forma provisória, os dois princípios da justiça em torno dos quais se faria um acordo na posição original. A primeira formulação desses princípios é um simples esboço. Gradualmente, examinarei várias formulações e farei aproximações sucessivas da apresentação final que, por sua vez, deve ser dada muito mais tarde. Creio que esse método possibilite um desenvolvimento natural da exposição. (p. 91)

Interpreto do seguinte modo essa declaração: antes do argumento *maximin*, a definição de justiça é apenas exploratória; depois do argumento *maximin*, ela é definitiva. Em conseqüência disso, não estamos diante de um argumento linear, mas de um esclarecimento progressivo da compreensão prévia do que significa justiça.

2. Essa primeira consideração extraída da disposição formal do argumento conduz ao argumento principal, a saber, que a definição procedimental da justiça não constitui uma teoria independente, mas assenta na compreensão prévia que nos permite definir e interpretar os dois princípios

da justiça antes que se possa provar – se é que isso ocorre – que se trata dos princípios que seriam escolhidos na situação original, ou seja, sem o véu de ignorância. Será esse o segundo estágio de meu argumento.

Minha objeção parece lançar um desafio a toda a escola contratualista, para a qual a dimensão procedimental deve ser independente de qualquer pressuposto referente ao bem numa abordagem teleológica do conceito de justiça ou mesmo referente ao justo numa versão transcendental da deontologia.

Nesse sentido, todo o desenvolvimento de *Théorie de la justice* pode ser entendido como um gigantesco esforço para garantir a autonomia dos dois momentos do argumento, a saber, a teoria da situação original e a razão de escolher os dois princípios, e não qualquer versão utilitarista da justiça. Minha tese é que a circularidade prevalece sobre a linearidade reivindicada pela teoria da justiça em favor da autonomia do núcleo teórico da obra.

a) Consideremos de início a situação originária: todas as injunções que a definem são, evidentemente, construídas como uma experiência intelectual e criam uma situação totalmente hipotética sem raízes na história e na experiência; mas são imaginadas de tal modo que satisfaçam à idéia de eqüidade que age como a condição transcendental de todo o desenvolvimento procedimental. Agora, o que é eqüidade, senão a igualdade dos parceiros confrontados com as exigências de uma escolha racional? Não será no sentido da *isótes* segundo Isócrates e Aristóteles, que, por sua vez, implica respeito pelo outro como parceiro igual no processo procedimental?

b) Essa suspeita, de que um princípio moral rege a construção aparentemente artificial, é confirmada pelo papel exercido de fato pelo argumento do *maximin* em toda a demonstração. Rawls parece querer dizer que a regra do *maximin* como tal fornece um fundamento *independente* para a escolha dos dois princípios de justiça, de preferência ao conceito utilitarista da justiça. Apresenta o argumento como um procedimento heurístico que possibilita conceber os dois princípios como a solução *maximin* do problema da justiça social. Haveria, segundo Rawls, uma analogia entre os dois princípios e a regra do *maximin* para toda escolha numa situação de incerteza. À primeira vista, o argumento tem aparência puramente racional, dando uma conclusão ética a premissas não éticas. Mas, se olharmos mais de perto, o argumento decisivo dirigido contra o utilitarismo, a saber, que é preciso estar pronto a sacrificar alguns indivíduos ou grupos desfavorecidos desde que isso seja exigido pelo bem da maioria, não poderemos nos abster de pensar que temos aí um argumento ético disfarçado sob um argumento técnico extraído da teoria da decisão em sua forma mais elementar, a teoria dos jogos, em que há ganhadores e perdedores desprovidos de qualquer preocupação ética. O vício do utilitarismo consiste precisamente na extrapolação do indivíduo para a sociedade. Uma coisa é dizer que um indivíduo pode ter de sacrificar um prazer imediato e ínfimo por um prazer ulterior maior; outra coisa é dizer que a satisfação de uma minoria é exigida pela satisfação da maioria. Do mesmo modo, a ordem lexical entre o primeiro e o segundo princípio e a regra do *maximin* depõem contra a legitimidade dessa extrapolação do indivíduo para a sociedade tomada como um todo.

O argumento, parece-me, é um argumento moral. Dirige-se contra aquilo que, tal como Jean-Pierre Dupuy, chamo de princípio sacrificial, que remete à lógica do bode expiatório. Portanto, na minha opinião, trata-se de um argumento moral e, bem mais, de um argumento do tipo kantiano: segundo o princípio sacrificial, alguns indivíduos são tratados como meios, e não como fins em si, em vista do pretenso bem do todo. Somos assim remetidos à segunda formulação do imperativo categórico e, além dele, à Regra de Ouro: "Não faças ao próximo aquilo que detestarias que te fizessem". Notei alhures que a Regra de Ouro tem vantagem sobre a formulação kantiana por levar em conta a referência a alguns bens. É o que ocorre com Rawls, que se distancia de Kant precisamente nesse ponto: por trás do véu de ignorância, os parceiros sabem que os seres humanos têm interesses. Ignoram apenas quais serão os seus na vida real.

Essa interpretação da regra do *maximin* como argumento tacitamente ético podia ser prevista desde o início do livro. Lemos na primeira página:

> A justiça é a primeira virtude das instituições sociais, assim como a verdade é a primeira virtude dos sistemas de pensamento. Por mais elegante e econômica que seja, uma teoria deverá ser rejeitada ou revisada se não for verdadeira; do mesmo modo, por mais eficazes e bem organizadas que sejam, instituições e leis devem ser reformadas ou abolidas se forem injustas. Cada pessoa possui uma inviolabilidade baseada na justiça, que, mesmo em nome do bem-estar do conjunto da sociedade, não pode ser transgredida. Por essa razão, a justiça veta que a perda de liberdade de alguns possa ser justificada pela obtenção de um bem maior por outros.

Depois de ler essas linhas, pode-se perguntar como é possível defender ao mesmo tempo o reconhecimento de uma pressuposição ética e a tentativa de isentar a definição procedimental da justiça de toda e qualquer pressuposição referente ao bem e mesmo ao justo. Existirá alguma mediação entre o que chamarei – para resumir – de tendência *ética* e de tendência puramente *procedimental* da teoria rawlsiana de justiça? Essa pergunta me leva ao terceiro estágio desta discussão.

3. A mediação buscada entre a pressuposição ética da teoria da justiça tomada em seu conjunto e o argumento puramente técnico do *maximin* é sugerida pelo próprio Rawls no parágrafo 4 quando introduz pela primeira vez a noção de posição original. Depois de dizer que é preciso definir os princípios de justiça como

> os princípios que receberiam o assentimento das pessoas racionais em posição de igualdade e preocupadas com a promoção de seus interesses, ignorando vantagens ou desvantagens devidas a contingências naturais ou sociais (§ 46),

Rawls faz a seguinte declaração:

> Pode-se, porém, justificar de outra maneira uma descrição particular da posição original. É vendo se os princípios que seriam escolhidos estão de acordo com nossas convicções ponderadas sobre o que é a justiça e se eles as prolongam de maneira aceitável (*ibid*.).

É bom parar um momento nessa noção de "convicções ponderadas" (*considered convictions*). Elas resumem toda a compreensão prévia, que Rawls chama "intuitiva", a saber, os juízos morais "nos quais temos máxima confiança" (*ibid*.). Essas convicções ponderadas porventura não estão enraizadas em última instância no sentido da justiça equivalente à Regra de Ouro aplicada a instituições, e não a indivíduos numa relação pessoal e, além disso, a instituições consideradas do ponto de vista de suas funções distributivas? De fato, nosso senso de injustiça costuma ser mais confiável do que nosso senso de justiça; por exemplo, diz Rawls:

> Não duvidamos de que a intolerância religiosa e a discriminação racial são injustas (*ibid*.).

A esse respeito, R.-J. Lucas[5] começa seu excelente livro sobre a justiça com um capítulo intitulado "Injusto!". O grito de injustiça é o grito da vítima, da vítima que o utilitarismo está disposto a sacrificar em benefício do interesse geral. Ora, embora nosso senso de injustiça costume ser saudável,

> temos bem menos segurança quando se trata de saber como repartir corretamente a riqueza e a autoridade. Precisamos então procurar um meio de dissipar nossas dúvidas (*ibid*.).

Aí entram os argumentos racionais. Mas estes não podem substituir as convicções ponderadas:

---

5. R.-J. Lucas, *On Justice,* Oxford, Oxford University Press, 1966.

> Podemos [...] testar o valor de uma interpretação da situação inicial pela capacidade que tenham os princípios que a caracterizam de harmonizar-se com nossas convicções ponderadas e de nos fornecer um fio condutor, quando este for necessário. (§ 46)

Podemos até chegar a dizer que a ordem lexical dos dois princípios de justiça está virtualmente pré-compreendida no nível dessas convicções ponderadas:

> Portanto, parece razoável e geralmente aceitável que ninguém deva ter vantagens ou desvantagens devido à intervenção do acaso, da natureza ou das circunstâncias sociais na escolha desses princípios. (§ 45)

Todo o aparato argumentativo pode assim ser considerado uma racionalização progressiva dessas convicções, quando estas são contaminadas por preconceitos ou enfraquecidas por dúvidas. Rawls dá um nome a esse ajuste mútuo entre convicção e teoria:

> Por um processo de ajuste, mudando às vezes as condições das circunstâncias do contrato e, em outros casos, extraindo julgamentos e adaptando-os aos princípios, presumo que acabaremos por chegar a uma descrição da situação inicial que, ao mesmo tempo, expresse condições prévias razoáveis e conduza a princípios condizentes com nossos juízos ponderados, devidamente enxugados e remanejados. *Qualifico esse estado final de equilíbrio reflexivo [reflective equilibrium].* (§ 47)

Pode-se falar de equilíbrio porque nossos princípios e nossos juízos acabam por coincidir, e ele é resultado da reflexão, pois sabemos a quais princípios os nossos juízos se amoldam e conhecemos as premissas de suas derivações (*ibid.*). O livro inteiro pode assim ser considerado a busca desse equilíbrio reflexivo. Mas, se entendo bem o percurso da argumentação, o tipo de circularidade que a busca de equilíbrio reflexivo dá a impressão de presumir parece ameaçada pelas forças centrífugas exercidas pela hipótese contratualista. Ressaltamos no início dessa apresentação a tendência construtivista e mesmo artificialista tanto da teoria da posição original quanto do argumento do *maximin* a favor do princípio de diferença. Poderemos ao mesmo tempo preservar a relação de ajuste (*fitness*) entre teoria e convicção e a completa autonomia do argumento a favor dos dois princípios de justiça? Tal é a ambivalência que me parece prevalecer na teoria rawlsiana da justiça. Esta ambicionaria a uma vitória dupla: por um lado, satisfazendo o princípio do equilíbrio reflexivo; por outro, construindo um argumento autônomo introduzido pelo percurso hipotético da reflexão. Isso explica a aparente discordância entre as declarações do início, que atribuem papel regulador às convicções ponderadas, e a veemente defesa feita mais tarde a favor de um argumento independente, do tipo da regra do *maximin*. Pode pesar sobre toda teoria contratualista o fardo de derivar de um procedimento permitido por todos os princípios de justiça que, de modo paradoxal, já motivam a busca de um argumento independente.

Essa ambigüidade diz respeito em última instância ao papel de argumentos racionais em ética. Poderão eles substituir convicções antecedentes em decorrência da invenção de uma situação hipotética de deliberação? Ou sua função será a de esclarecer de maneira crítica convicções antecedentes? Rawls, ao que me parece, esforça-se *to have the best of both worlds,* ou seja, por construir uma concepção puramente procedimental da justiça sem perder a segurança oferecida pelo equilíbrio reflexivo entre convicção e teoria. De minha parte, direi que é nossa compreensão prévia de injusto e justo que garante a visão deontológica do denominado argumento autônomo, inclusive a regra do *maximin*. Desligada do contexto da Regra de Ouro, a regra do *maximin* seria um argumento puramente prudencial característico de todo jogo de comércio. A visão deontológica e mesmo a dimensão histórica do senso de justiça não só não são simplesmente intuitivas, como também resultam de uma longa *Bildung* oriunda da tradição judaico-cristã e greco-romana. Separada dessa história cultural, a regra do *maximin* perderia sua caracterização ética. Em vez de ser quase econômica, ou seja, análoga a um argumento econômico, ela derivaria para um argumento pseudo-econômico, depois de despojada de seu enraizamento em nossas convicções ponderadas.

Mas essa primeira sugestão referente ao estatuto epistemológico dos argumentos racionais em ética só tem sentido em conjunção com a segunda. Não podemos prescindir de uma avaliação crítica de nosso pretenso senso de justiça. A tarefa seria discernir que componentes ou que aspectos de nossas convicções ponderadas exigem erradicação contínua de preconceitos de vieses ideológicos. Esse trabalho crítico teria como primeiro campo de aplicação os preconceitos que se ocultam por trás daquilo que alguns moralistas chamaram de "premissas especificadoras", por exemplo, a restrição do princípio de justiça que durante séculos possibilitou que os escravos não fossem classificados entre os seres humanos. Alguém talvez pergunte se não será pura utopia depositar confiança na capacidade dos cidadãos comuns ou na racionalidade, ou seja, em sua aptidão para se pôr no lugar do outro, ou melhor, para transcender seu próprio lugar. Mas, sem esse ato de confiança, a fábula filosófica da posição original não passaria de hipótese inacreditável e não pertinente. Temos uma razão suplementar para acreditar na possibilidade dessa superação dos preconceitos e dessa abertura para a crítica. Essa razão procede daquilo que dissemos no início sobre o caráter problemático de uma sociedade definida nos termos de sua função distributiva. Tal sociedade está, por princípio, aberta a uma variedade de arranjos institucionais possíveis. Pela mesma razão, a justiça só pode ser distributiva e exige um modo de raciocínio altamente refinado, tal como o que Aristóteles encetou quando estabeleceu a distinção entre igualdade aritmética e proporcional.

Para concluir, na expressão "convicções ponderadas", o atributo "ponderadas" tem tanto peso quanto o substantivo "convicções". Nesse contexto, *ponderado* significa aberto à crítica do outro ou, como diriam K. O. Apel e J. Habermas, submetidos à regra da argumentação.

Depois de Uma teoria da justiça de John Rawls

Foi em 1957 que veio a lume o primeiro texto de John Rawls expressamente intitulado "Justice as Fairness". Em torno desse núcleo foi-se constituindo, camada por camada, o espesso volume intitulado *A Theory of Justice,* publicado em Harvard em 1971. Durante a década seguinte, o autor enfrenta críticas dirigidas a uma obra que provoca enorme discussão em todo o mundo. Em 1980, começa uma nova série de artigos, não com o objetivo de revisar a definição dos princípios de justiça enunciados na obra principal ou a argumentação de que esses princípios seriam os preferencialmente escolhidos a qualquer outro numa situação que se caracterizasse pela *fairness.* A revisão versa unicamente sobre o campo de aplicação e os meios de efetivação de uma teoria que permanece essencialmente intocada. Portanto, pode-se considerar canônica a obra *A Theory of Justice,* sem medo de errar. No entanto, não é possível reler essa obra vinte e cinco anos depois sem dar atenção aos pontos da doutrina que foram objeto dessa espécie de autocrítica de que falaremos adiante. O objetivo de John Rawls em *Théorie de la justice,* conforme ele lembra em 1992 no prefácio à tradução francesa de seus escritos posteriores, era

> generalizar e levar a um grau mais alto de abstração a doutrina tradicional do contrato social.[1]

---

1. John Rawls, *Justice et démocratie,* Paris, Seuil, 1993, 387 p., p. 8. [Trad. bras. *Justiça e democracia*, São Paulo, Martins Fontes, 2000.]

Não é a segunda parte da proposição que será questionada, mas certamente a primeira. Isto porque, nas primeiras linhas da obra de 1971, diz-se que

> a justiça é a primeira virtude das instituições sociais, assim como a verdade é a primeira virtude dos sistemas de pensamento.[2]

Mais precisamente, seu objeto é a "estrutura básica da sociedade", ou seja, não as instituições particulares ou as interações que ocorram em situações singulares, mas a organização das principais instituições sociais num sistema único, atribuindo assim direitos e deveres fundamentais e estruturando a distribuição das vantagens e dos encargos resultantes da cooperação social. Em vista das críticas dirigidas a Rawls, principalmente por politólogos da Europa continental, o que importa é destacar desde o início que o vínculo social que Rawls presume ser fundamental deve ser caracterizado pela *cooperação*, e não pela *dominação*. Isso não será desprovido de importância para a interpretação da tese de 1985, que caracteriza precisamente como política a teoria da justiça. Mas veremos, na hora certa, o que será contraposto ao atributo "político". A "estrutura básica" é, assim, sinônimo de "esquema de cooperação": por sua estrutura e finalidade, as instituições que colaboram para a estrutura básica são partes integrantes de uma "aventura de cooperação voltada para a vantagem mútua". A justiça poderá ser considerada a virtude principal dessas estruturas, admitindo-se que o que está em jogo seja a instauração de uma reciprocidade entre os indivíduos em questão. É isso o que Rawls tem em comum com a tradição contratualista: por meio do contrato, a sociedade é desde o início tratada como fenômeno congregacionalista mutualista. Do ponto de vista epistemológico, essa pressuposição fundamental tem a vantagem de tirar do circuito a alternativa entre um holismo à Durkheim

---

2. *Théorie de la justice* (1971), trad. fr., Paris, Seuil, 1987, p. 29.

e um individualismo metodológico à Weber. Visto que o sistema social é caracterizado primordialmente como um processo de distribuição de direitos e deveres, de vantagens e encargos, pode-se dizer, indiferentemente, que a estrutura básica distribui partes ou que os indivíduos em questão tomam parte na distribuição; portanto, não se encontra nenhum vestígio, em *Théorie de la justice,* do debate que durante muito tempo ocupou a cena das ciências sociais na Europa continental.

I

Dito isto, em que *Théorie de la justice* contribuirá para levar a um grau mais elevado de abstração a doutrina tradicional do contrato social? Já no parágrafo 3, intitulado "A idéia principal da teoria da justiça", os princípios de justiça (pois, como se verá, eles são dois, e o segundo se divide em dois subprincípios) são os mesmos

> que seriam aceitos pelas pessoas livres e racionais, desejosas de favorecer seus próprios interesses e situadas numa posição inicial de igualdade, [princípios] que definiriam os termos fundamentais de sua associação (p. 37).

Essa remissão da justiça dos princípios oriundos da deliberação à *fairness* da situação, que depois será chamada de "situação original", explica o título do capítulo I, "Justice as Fairness". A *fairness* caracteriza a escolha final porque caracteriza já a situação inicial. A escolha dos princípios de justiça será *fair* se a situação original também o for ("os princípios da justiça são oriundos de um acordo feito numa situação inicial também *fair*", p. 39). A ficção da situação original arca, assim, com todo o ônus da demonstração ulterior. Essa característica é clássica em toda a tradição contratualista. Antes de dizer o que os parceiros sabem e não sabem na situação original, é importante ressaltar a orientação procedimental de todo o empreendimento de demonstração imposta por essa remissão à situação original. São postas entre parênteses as concepções rivais do "viver bem", características das doutrinas teleológicas. E, entre estas, a versão teleológica predominante no mundo de língua inglesa que é o utilitarismo, cujos defensores mais eloqüentes foram John Stuart Mill e Sedgwick. O utilitarismo – e praticamente só ele – é considerado representativo da orientação teleológica, uma vez que define a justiça como maximização do bem para a maioria. Essa rejeição coloca *Théorie de la justice* já de início na classe das teorias deontológicas, mais precisamente na filiação de Kant, como será reafirmado num importante artigo de 1980: "Kantian construtivism in moral theory" ("Construtivismo kantiano na teoria moral"). Esse artigo explica que o que se reteve de Kant não foi a oposição entre a obrigação oriunda da razão prática e inclinação empírica (em outras palavras, o transcendentalismo, como ocorre em Habermas), mas simultaneamente a idéia de que o justo é construído, uma vez que procede de uma escolha racional, ao passo que se considera o bem encontrado, descoberto, uma vez que é apreendido intuitivamente. O paralelo com Kant não pode ir muito além do paralelo que a própria *Doctrine du droit*[3] admite, a saber, o profundo parentesco entre a autolegislação que define a autonomia moral e "o ato pelo qual um povo se constitui em Estado[4]". É isso mesmo que Kant chama de a "própria vontade legisladora [do] homem no Estado[5]". Não que a idéia de bem esteja totalmente ausente de uma teoria na qual o justo tem prioridade sobre o bem: a idéia de "bens sociais primários" ocupa lugar privilegiado no plano da enumeração das coisas por distribuir e pertence, por isso, à estrutura básica da sociedade; é do procedimento de distribuição que a idéia de bem está estritamente excluída. Um procedimento eqüitativo de

---

3. E. Kant, *Métaphysique des moeurs*. Primeira parte: *Doctrine du droit*, trad. fr. A. Philonenko, Paris, Vrin, 1971.
4. *Ibid.*, § 47.
5. *Ibid.*

distribuição deve poder ser definido sem referência às avaliações vinculadas à caracterização das vantagens e desvantagens atribuídas aos parceiros do contrato como "bens"; voltaremos a esse ponto quando falarmos dos aspectos principais da discussão desencadeada por *Théorie de la justice*. Mas, se o que couber alocar eqüitativamente forem bens, a eqüidade da distribuição nada ficará devendo ao seu caráter de bem e tudo deverá ao procedimento de deliberação. Quando subordinado ao bem, o justo deve ser descoberto, quando engendrado por meios procedimentais, o justo é construído; não é conhecido de antemão; supostamente, resulta da deliberação em condições de eqüidade absoluta. Portanto, todo o esforço de reformulação do contrato social por Rawls incidirá na relação entre o procedimento de deliberação e a condição inicial de eqüidade. Assim, três problemas estão implicados nessa reformulação. Primeiro problema: quem garantiria a eqüidade da situação de deliberação da qual pudesse resultar um acordo referente a uma organização justa das instituições? Segundo problema: que princípios seriam escolhidos nessa situação fictícia de deliberação? Terceiro problema: que argumento poderia convencer as partes deliberantes a escolher unicamente os princípios rawlsianos de justiça, ao invés de, digamos, uma variante qualquer do utilitarismo?

À *primeira* pergunta correspondem a suposição da posição original e a famosa alegoria do "véu de ignorância", que vale como princípio de exposição. Nunca seria demais insistir no caráter não histórico, mas hipotético, dessa posição. De fato, a posição original, segundo Rawls, substituiu o estado de natureza dos primeiros contratualistas, uma vez que é definida como uma posição de igualdade. Cabe lembrar que em Hobbes o estado de natureza era caracterizado pela guerra de todos contra todos e, conforme ressalta Léo Strauss, como um estado no qual cada um é motivado pelo temor da morte violenta. Portanto, o que está em jogo em Hobbes não é a justiça, mas a segurança. Rousseau e Kant, sem compartilharem a antropologia pessimista de Hobbes, descrevem o estado de natureza como estado sem lei, ou seja, sem nenhum poder de arbitragem entre reivindicações opostas. Em contrapartida, os princípios de justiça poderão vir a ser alvo de uma escolha comum se, e somente se, a posição original foi eqüitativa, ou seja, igual. Ora, ela só poderá ser igual numa situação hipotética. Então Rawls dedica uma parte enorme à especulação das condições nas quais a situação original possa ser denominada eqüitativa sob todos os aspectos. A fábula do "véu de ignorância" destina-se a recensear essas injunções. O ponto principal gira em torno de se saber o que os indivíduos precisam conhecer por trás do véu de ignorância, para que de sua escolha dependam distribuições eqüitativas de vantagens e desvantagens nessa sociedade real na qual, por trás dos direitos, estão em jogo interesses. Donde a primeira injunção: que cada parceiro tenha conhecimento suficiente da psicologia geral da humanidade no que se refere às paixões e motivações fundamentais. Rawls reconhece francamente que sua antropologia filosófica está muito próxima da antropologia de Hume no *Traité de la nature humaine,* livro 3, em termos de necessidades, interesses, fins, reivindicações conflituosas inclusive

> os interesses de um eu que considera que sua concepção de bem merece ser reconhecida e propõe reivindicações a seu favor que reclamam ser satisfeitas.[6]

Segunda injunção: os parceiros devem saber aquilo que todo ser racional deve querer possuir, ou seja, os bens sociais primários sem os quais o exercício da liberdade seria uma reivindicação vazia. Nesse aspecto, é importante notar que o "auto-respeito" pertence a essa lista de bens primários. Terceira injunção: como a escolha é feita entre várias concepções de justiça, os parceiros precisam ter informações convenientes sobre os *princípios* de justiça que concorrem entre si. Precisam conhecer os argumentos utilitaristas e, evi-

---

6. *Théorie de la justice, op. cit.,* p. 160.

dentemente, os princípios rawlsianos de justiça, pois a escolha não recai entre leis particulares, mas entre concepções globais de justiça. A deliberação consiste precisamente em atribuir uma *classificação* às teorias alternativas de justiça. Outra injunção: todos os parceiros precisam ser iguais em termos de informação; por isso, a apresentação das alternativas e dos argumentos deve ser *pública*. Mais uma injunção: aquilo que Rawls chama de *estabilidade* do contrato, ou seja, a antevisão de que ele será coercitivo na vida real, sejam quais forem as circunstâncias reinantes. Veremos um pouco adiante que essa injunção pareceu a Rawls suficientemente irrealista para que ele voltasse a trabalhar a questão das circunstâncias de aplicação de um contrato supostamente válido. Tantas precauções demonstram a dificuldade do problema que deve ser resolvido, a saber,

> estabelecer um procedimento eqüitativo (*fair*), de tal modo que sejam justos todos os princípios nos quais um acordo interferisse. O objetivo é utilizar a noção de justiça procedimental pura como base da teoria.[7]

O que a situação original deve anular acima de tudo são os efeitos contingenciais decorrentes tanto da natureza quanto das circunstâncias sociais, e o pretenso mérito é posto por Rawls entre esses efeitos contingenciais.

Apresenta-se agora a *segunda* questão: que princípios seriam escolhidos sob o véu de ignorância? A resposta a essa pergunta está na descrição dos dois princípios de justiça e em sua ordenação correta. Esses princípios, como dissemos no começo, são princípios de distribuição. Ao receberem partes, os indivíduos se tornam parceiros de uma "aventura de cooperação" (*cooperative venture*). Uma vez que a sociedade se apresenta como sistema de distribuição, toda partilha problemática está aberta a alternativas igualmente razoáveis; por isso, são necessários princípios específicos que ga-

---

7. *Théorie de la justice, op. cit.*, p. 168.

rantam o caráter eqüitativo e – acrescentamos – estável do procedimento capaz de arbitrar entre reivindicações concorrentes. Os princípios que serão enunciados versam exatamente sobre essa situação problemática engendrada pela exigência de uma distribuição eqüitativa e estável. Quanto aos dois princípios de justiça, são os seguintes:

> 1- Cada pessoa deve ter igual direito ao sistema total mais extenso possível de liberdades básicas iguais para todos e compatíveis com um mesmo sistema para todos. 2- As desigualdades econômicas e sociais devem ser tais, que: a) beneficiem ao máximo os menos favorecidos, no limite de um justo princípio de poupança e, b) estejam vinculadas a funções e posições abertas a todos, em conformidade com o princípio da justa igualdade das oportunidades.[8]

Esses princípios são chamados de *igual liberdade* (1), *diferença* (2a) e *igualdade de oportunidades* (2b). O primeiro princípio, evidentemente, garante iguais liberdades de cidadania (liberdade de expressão, de reunião, de voto, de elegibilidade para as funções públicas). Mas por que um segundo princípio? É de notar que, em Rawls, como provavelmente na maioria dos moralistas antes dele, o que pôs o pensamento em movimento foi o escândalo da desigualdade. Rawls pensa, em primeiro lugar, nas desigualdades que afetam as oportunidades iniciais no início da vida, o que se pode chamar de "posições de partida". Evidentemente ele também pensa nas desigualdades vinculadas à diversidade das contribuições dos indivíduos para a marcha da sociedade, nas diferenças de qualificação, competência e eficiência no exercício da responsabilidade etc., desigualdades das quais nenhuma sociedade pôde ou quis desfazer-se. O problema é então definir a eqüidade de tal maneira que essas desigualdades sejam reduzidas ao mínimo inelutável. A questão poderia ser resumida nos seguintes termos: será possível falar, com toda a eqüidade, em *desigualdades mais justas ou, pelo*

---

8. *Théorie de la justice, op. cit.,* p. 341.

menos, menos injustas que outras? Donde o segundo princípio de justiça: ele apresenta em sua primeira parte as condições nas quais as desigualdades devem ser consideradas preferíveis a desigualdades maiores, mas também a uma distribuição igualitária, donde o nome princípio de diferença; em sua segunda parte, ele iguala tanto quanto possível as desigualdades ligadas às diferenças de autoridade e responsabilidade. O princípio de diferença seleciona assim a situação mais igualitária compatível com a regra de unanimidade. Tão importante quanto o conteúdo desses princípios é a regra de prioridade que os interliga. Rawls fala aí de ordem serial ou lexical, chocando-se de frente tanto com o marxismo quanto com o utilitarismo. Aplicada aos princípios de justiça, ordem serial ou lexical significa que

> ofensas às liberdades básicas iguais para todos os que são protegidos pelo primeiro princípio não podem ser justificadas ou compensadas por vantagens sociais ou econômicas maiores.[9]

Além disso, a ordem lexical se impõe entre as duas partes do segundo princípio: os menos favorecidos em termos econômicos devem ser lexicalmente prioritários em relação a todos os outros parceiros. É o que J.-P. Dupuy designa como implicação anti-sacrificial do princípio de Rawls: aquele que poderia ser vítima não deveria ser sacrificado, mesmo em benefício do bem comum. Aí está a ponta antiutilitarista da teoria rawlsiana de justiça.

Surge a *terceira* questão: por quais razões os parceiros situados sob o véu de ignorância prefeririam esses princípios em sua ordem lexical, e não qualquer outra versão do utilitarismo? O argumento, que ocupa lugar considerável em *Théorie de la justice*, é extraído da teoria da decisão num contexto de incerteza. É designado pelo termo *maximin*, pela razão de que os parceiros supostamente devem escolher a or

---

9. *Théorie de la justice, op. cit.*, p. 92.

ganização que *maximize a parte mínima*. O argumento tem toda a sua força na situação original sob o véu de ignorância. Ninguém sabe qual será seu lugar na sociedade real. Portanto, ele raciocina com base em simples possibilidades. Ora, os contratantes se obrigam mutuamente em virtude de um contrato cujos termos foram publicamente definidos e unanimemente aceitos. Se duas concepções de justiça estiverem em conflito, e se uma delas possibilitar uma situação que alguém poderia não aceitar, enquanto a outra excluir essa possibilidade, então prevalecerá a segunda.

II

Antes de considerarmos os importantes remanejamentos a *Théorie de la justice,* produzidos pelos textos dos anos 1980-1987, é importante ressaltar, por um lado, os aspectos da teoria que deveriam servir ulteriormente à revisão de que falaremos e, por outro, os aspectos que o próprio autor viria a considerar desprovidos de precisão e de força argumentativa, quando não francamente errôneos.

1.- Entre os primeiros, cabe destacar a notação presente já no capítulo 4 de *Théorie de la justice,* sobre a função que pode ser chamada não só de compreensão prévia, mas também de acompanhamento ininterrupto, naquilo que John Rawls chama de "convicções ponderadas" (*considered conviction*) sobre a justiça; essas convicções devem ser "ponderadas" porque, embora em certos casos flagrantes de injustiça (intolerância religiosa, discriminação racial) o juízo moral ordinário pareça seguro, temos muito menos certeza quando se trata de dividir eqüitativamente a riqueza e a autoridade. Diz Rawls que precisamos procurar um meio de dissipar nossas dúvidas. Os argumentos teóricos desempenham então o mesmo papel de comprovação que Kant atribui à regra de universalização das máximas. Todo aparato argumentativo pode ser, assim, considerado uma racionalização progressiva dessas convicções, quando estas são afetadas por preconceitos ou enfraquecidas por dúvidas. Essa racionalização consiste num processo complexo de ajuste mútuo entre convicção e teoria:

> por um processo de ajuste, mudando às vezes as condições das circunstâncias do contrato e, em outros casos, retirando juízos e adaptando-os aos princípios, presumo que acabaremos por encontrar uma descrição da situação inicial que, ao mesmo tempo, exprima condições prévias razoáveis e conduza a princípios condizentes com nossos juízos ponderados, devidamente enxugados e remanejados. Qualifico essa etapa final de equilíbrio reflexivo (*reflective equilibrium*).[10]

Antes de desempenhar algum papel na revisão ulterior da doutrina, essa noção de *equilíbrio reflexivo* confere uma inflexão particular à demonstração. É nas situações nas quais já reina certo consenso moral que se forma aquilo que se poderia chamar de compreensão prévia dos princípios de justiça. Isso permite enunciá-los antes mesmo que o processo de formalização se inicie. Nada impede, é verdade, que todo o desenvolvimento de *Théorie de la justice* constitua um gigantesco esforço para garantir a autonomia dos dois momentos do argumento, ou seja, a teoria da situação original e a razão de escolher esses dois princípios, e não qualquer versão utilitarista. No que se refere à situação original, todas as injunções que a definem são construídas como uma experiência intelectual e criam uma situação totalmente hipotética, sem raízes na história e na experiência; mas são imaginadas de tal modo, que satisfazem à idéia de eqüidade cujo antegozo temos nas situações em que nosso juízo moral já está bem estabelecido. Quanto ao argumento do *maximin*, como acabamos de dizer, trata-se de um argumento técnico extraído da teoria dos jogos nos quais há ganhadores e perdedores desprovidos de qualquer preocupação ética. Mas cabe perguntar se o argumento se distinguiria de uma forma sutil de utilitarismo, tal como o conseqüencia-

---

10. *Théorie de la justice, op. cit.*, p. 47.

lismo, caso não estivesse originariamente associado a um argumento moral extraído de nossas convicções ponderadas, a saber, o de que em toda partilha desigual o que se deve tomar como pedra de toque da eqüidade da partilha é a sorte do menos favorecido.

Mostraremos um pouco adiante de que maneira a noção de equilíbrio reflexivo serviu de ponto de apoio para a revisão de *Théorie de la justice* proposta a partir de 1980. Mas antes é preciso dizer algumas palavras sobre os pontos da doutrina que o próprio John Rawls considerou insuficientemente fundamentados ou mesmo insustentáveis. Segundo se diz, isso ocorreu independentemente da crítica feita sobretudo pelos "comunitaristas[11]". Estes objetaram essencialmente que não se entendia de que maneira um pacto "anistórico", tal como o firmado na situação original sob o véu de ignorância, podia *vincular* uma sociedade "histórica"; em geral extraíram a argumentação do fato de que, na versão rawlsiana do contratualismo, as "coisas" por distribuir constituem bens sociais primários cuja própria natureza de bem não poderia deixar de influenciar a regra formal de distribuição. Ora, o que qualifica como bons esses bens sociais, senão estimativas, avaliações, que, comparadas entre si, mostram-se heterogêneas? É essa diferença *real* entre bens investidos nas coisas por distribuir (bens mercantis e não mercantis, posições de autoridade e de responsabilidade) que leva Michael Walzer a concluir pela necessidade de remeter definições cada vez mais diferentes de justiça às esferas múltiplas e concorrenciais, cada uma das quais regida por "compreensões compartilhadas" em comunidades concretas. Se Rawls não levou em conta essa objeção, foi principalmente porque acreditou que a regra de distribuição era bastante coercitiva, no plano racional, para neutralizar a he-

---

11. N. Daniels, *Reading Rawls*, New York, 1975; M. Sandel, *Liberalism and the Limits of Justice*, Cambridge, 1982; Ch. Taylor, *Philosophical Papers*, Cambridge, 1985; M. Walzer, *Spheres of Justice*, Basic Books, 1983 [trad. bras. *Esferas da justiça*, São Paulo, Martins Fontes, 2003].

terogeneidade real dos bens; mas foi também porque sua idéia da "estrutura básica da sociedade" exigiria integral disjunção entre esta e as instituições particulares efetivamente dependentes dessa heterogeneidade dos bens e das estimativas correspondentes. Em vez de ceder nesse ponto, Rawls continuou ressaltando o aspecto kantiano de sua doutrina em contraposição não só ao utilitarismo ou ao libertarismo de Nozick[12], mas também às diversas versões do comunitarismo, como se pode ler em seu ensaio de 1978, *The Basic Structure as Subject*, e em outro de 1980, *Kantian Constructivism in Moral Theory*. O que deveria provocar os remanejamentos de que falaremos é uma dificuldade aparentemente semelhante às expostas pelos comunitaristas, mas discernida pelo próprio autor de *Théorie de la justice* em sua grande obra.

A dificuldade – declara Rawls – é

> interna a *Théorie de la justice* como eqüidade, a saber, sua análise da estabilidade das sociedades democráticas, na terceira parte, não condiz com uma teoria tomada como um todo.[13]

Por estabilidade John Rawls entendia, já em 1971, a propriedade que o contrato duradouro tem de interligar várias gerações e, por isso, de se inscrever numa história na qual o âmbito político – conforme sabemos desde Maquiavel – tem a ambição de escapar à brevidade das vidas individuais, às vicissitudes das paixões e à versatilidade dos interesses particulares.

2.- Para fazer face a essas dificuldades, John Rawls não mudou absolutamente nada na definição dos princípios de justiça e no argumento que os torna preferíveis a qualquer outro tipo de princípio, mas restringiu seu campo de apli-

---

12. Nozick, *Anarchy, State, and Utopia*, New York, trad. fr. *Anarquie, État et Utopie*, Paris, 1988 [Trad. bras. *Anarquia, Estado e utopia*, São Paulo, Martins Fontes, no prelo.]
13. Prefácio à tradução francesa dos ensaios de 1978 a 1990 sob o título *Justice et démocratie*.

cação a certo tipo de sociedade, a saber, as democracias que ele chama de constitucionais ou liberais. Fez isso em virtude de condições limitativas que pertencem precisamente à história dessas sociedades e funcionam como condições de procedência ou *admissão* dos princípios abstratos da teoria da justiça e dos argumentos favoráveis a eles.

a) Para possibilitar o entendimento da natureza dessa limitação fundamental do campo de aplicação de *Théorie de la justice,* cabe dizer a que ambição essa limitação obrigou a renunciar. Essencialmente à pretensão de considerar a teoria da justiça como uma teoria *"comprehensive"* (o que foi traduzido por "compreensivo", mas poderia ser traduzido por "abrangente"), ou seja, válida, por um lado, para *toda e qualquer* sociedade possível e, por outro, para *todas* as instituições subordinadas à estrutura básica, ou mesmo para as instituições internacionais de nível superior e, finalmente, para *todas* as espécies de transações sociais. A teoria da justiça de 1971, sem declarar explicitamente, era uma tal teoria abrangente. Por essa razão, entrava em competição com concepções da mesma amplitude, tais como o utilitarismo de Mill e o transcendentalismo kantiano, cuja pretensão é, realmente, abranger a totalidade das interações humanas e das instituições que as enquadram. Mas também entrava em conflito com as concepções da "vida boa" professadas por indivíduos e comunidades sob a égide da idéia de Bem. Esta última consideração é da maior importância, pois a oposição tantas vezes repetida entre *justo* e *bom* parecera situar-se no nível máximo de generalidade. A partir de então as concepções de bem – as dos Antigos, dos medievais e, mais recentemente, dos utilitaristas de diversas orientações, foram deixadas em seu nível de generalidade abrangente, mas dentro da regra de justiça professada por certo tipo de sociedade, a sociedade de democracia constitucional ou liberal. Nesse sentido, a oposição entre justo e bom deixa de ser homogênea e torna-se dissimétrica; o bem é a insígnia de doutrinas abrangentes professadas por indivíduos ou comunidades específicas; o justo é o princípio diretor das sociedades constitucionais ou liberais. É essa dissimetria que o título da conferência de 1985 quer indicar: "Justice as Fairness: political not metaphysical." Metafísica "é aqui considerada sinônimo de "*comprehensive*", o que surpreende bastante em se tratando de Kant ou Mill; quanto a "política", é tomada no sentido restritivo de: o que rege as democracias constitucionais ou liberais (J. Rawls emprega indistintamente os dois qualificativos, mas nunca separa o segundo do primeiro, uma vez que o próprio *liberalismo* pode ser visto ora como uma teoria abrangente – portanto, metafísica, digamos uma visão de mundo que abarca a totalidade das relações humanas privadas e públicas, comunitárias e estatais, nacionais e internacionais –, ora como algo que qualifica a estrutura básica de certo tipo de sociedade, as sociedades de democracia avançada. Por isso John Rawls faz questão de distinguir o liberalismo *político* do liberalismo que cabe chamar de *metafísico*.

Que razões são declaradas a favor dessa redução drástica do campo operacional de *Théorie de la justice*? Essencialmente razões históricas de dois tipos. As primeiras defendem a disjunção de que acabamos de falar; as segundas, uma nova espécie de relação positiva entre o nível procedimental da idéia de justiça e o plano substancial das concepções religiosas, filosóficas e morais professadas pelos indivíduos ou pelas comunidades que compõem a sociedade. São razões desta segunda espécie as ressaltadas no famoso ensaio *"The Idea of an Overlapping Consensus"*. Somente com esta segunda série de considerações será dada uma resposta completa à objeção que Rawls faz a si mesmo sobre a *estabilidade* do contrato social segundo *Théorie de la justice*.

b) Mas cumpre delongar-nos por um momento nas razões que anunciamos como *negativas*. De fato, a principal razão da espécie de recuo realizado a partir de 1978 é de ordem histórica e sociológica: o "*fato do pluralismo*". Para Rawls, este remonta essencialmente às guerras de religião do Ocidente cristão nos séculos XVI e XVII. Essas guerras impuseram como fato a existência simultânea de vários credos num mesmo espaço político. A solução para esse conflito inexpiável foi a conquista da idéia de tolerância, sendo esta entendida primeiramente no sentido de um *modus vivendi* à

Hobbes, digamos um expediente estratégico e utilitário ("se não quisermos nos matar mutuamente, então devemos nos tolerar mutuamente"). Mas o ponto importante é que a idéia de tolerância se afirmou como valor positivo de nível superior para as confissões religiosas e as convicções filosóficas e morais irredutíveis umas às outras. Sem dúvida, deve-se dizer que, historicamente, foi o liberalismo como filosofia abrangente que possibilitou esse passo decisivo, mas é precisamente tarefa da teoria da justiça, tal como elaborada por Rawls, desvincular o liberalismo *político* do liberalismo "metafísico" que continua competindo com outras visões de mundo, sejam elas religiosas, filosóficas ou morais. Na opinião de Rawls essa tarefa é inevitável, uma vez que a complexidade crescente do mundo moderno não dá oportunidade nenhuma para que uma visão substancial de *bem* ou transcendental de *justo* sirva de cimento ao vínculo social. A única alternativa seria a imposição de uma única visão de mundo por um regime tirânico. Nesse sentido, a liberdade *política,* desvencilhada de sua ganga "metafísica" pela teoria renovada do contrato, mostra-se como a única saída razoável afora a alternativa entre a guerra de todos contra todos e a tirania. Fundamentalmente, apenas uma justiça procedimental pode garantir a coexistência entre visões de mundo rivais, principalmente as centradas em idéias divergentes de bem, como se afirma num artigo de 1988:"The Priority of Right and Ideas of the Good".

    O argumento estaria incompleto se à teoria política da justiça não fosse somado seu corolário mais importante referente à idéia de *pessoa.* Esta é inseparável da idéia inicial de elo social como esquema de cooperação. Cooperação implica pessoas preocupadas em preservar e aumentar suas vantagens. Mas a idéia de pessoa, tal como a idéia de justiça, precisa ser desdobrada, conforme seja determinada pela visão do bem ou por seu elo com instituições regidas pelos princípios de justiça. No primeiro caso, preconiza-se uma concepção "metafísica" da pessoa. No segundo, uma idéia apenas política. Em *Théorie de la justice,* os cidadãos são considerados como pessoas livres e iguais, ou seja, como pessoas dotadas de uma personalidade moral que lhes possibilita participar de uma sociedade vista como um sistema de cooperação eqüitativa voltada para a vantagem mútua.[14]

Em certo sentido, os textos dos anos oitenta não dizem outra coisa: "A sociedade é um sistema de cooperação social eqüitativa entre pessoas livres e iguais" *(passim)*. Mas o caráter *livre* das pessoas está mais estreitamente correlacionado com o primeiro princípio de justiça, e seu caráter *igual,* com o segundo princípio de justiça. Essa redução do campo de significação da pessoa para o cidadão de uma democracia constitucional é de fato muito "liberadora", uma vez que abrange apenas o domínio limitado da relação com a estrutura básica da sociedade, no prolongamento da conquista da idéia de tolerância e da condenação à escravidão. Deixa-se campo livre para todas as expressões da vida pessoal e comunitária, não codificadas por essa relação institucional básica. Não só as controvérsias em torno das visões de mundo têm campo livre, como também o âmbito político é posto a salvo dessas controvérsias por sua retração e abstração. É desse modelo que se aproximam as democracias constitucionais modernas. Era ele que *Théorie de la justice* formalizava sem pôr às claras os limites do empreendimento.

Assim é dada uma resposta parcial à objeção interna formulada por Rawls com base na condição de *estabilidade* do contrato. Em termos negativos, pode-se dizer com segurança

> que, em matéria de prática política, nenhuma concepção moral geral pode fornecer um conceito publicamente reconhecido para uma concepção da justiça no âmbito de um Estado democrático moderno.[15]

---

14. *Théorie de la justice, op. cit.,* p. 211.
15. *Théorie de la justice, op. cit.,* p. 208.

O termo importante é *reconhecido*, ou seja, precisamente aplicável em termos históricos. De fato, a resposta à objeção já não é apenas negativa; é já positiva, se considerarmos que o segundo princípio de justiça e, mais precisamente, a segunda parte desse princípio ("as desigualdades sociais e econômicas [...] devem ser mais vantajosas para os membros mais desfavorecidos da sociedade") se dirigem às reivindicações de igualdade feitas por comunidades intelectuais rivais e garantem proteção institucional a direitos, liberdades e oportunidades associados a essas reivindicações. A democracia liberal está destinada precisamente a cidadãos em desacordo virtual sobre o essencial. Ela se esforça por limitar a extensão do desacordo público.

No entanto, não poderíamos nos restringir a esse propósito excessivamente modesto. É razoável propor mais e tentar reconstruir um elo mais positivo entre a regra de justiça e o fundo de crenças efetivamente professadas em nossas sociedades modernas. É a essa exigência que atende a idéia de *consenso por intersecção*. Cabe dizer de imediato que essa idéia se situa no exato prolongamento da idéia de equilíbrio reflexivo entre a teoria e nossas convicções ponderadas. Mas *Théorie de la justice* não dizia que convicções ponderadas satisfaziam às condições de equilíbrio reflexivo. Isso porque a limitação de *Théorie de la justice* ao campo histórico da democracia liberal não fora percebida. No entanto, *Théorie de la justice* pressupunha nos parceiros do pacto social a idéia básica *intuitiva* de que os cidadãos são pessoas livres e iguais em virtude de capacidades morais precisas: a saber, o próprio senso de justiça, ou seja,

> a capacidade de compreender, aplicar e respeitar em seus atos a concepção pública de justiça que caracteriza os termos de uma cooperação eqüitativa.[16]

Ora, de onde provém a motivação e, se assim se pode dizer, a instrução de tal capacidade moral? É aí que entra a idéia

---

16. *Théorie de la justice, op. cit.*, p. 218.

de um consenso por intersecção. Aquém desse ponto, a teoria da justiça só assentava numa estratégia de *fuga* às controvérsias, na linha da idéia de tolerância com base na qual se haviam encerrado as guerras de religião do Ocidente cristão. Agora era preciso dar um passo em direção a uma *aposta,* a saber, que as concepções "metafísicas" rivais que alimentaram e alimentam ainda as fortes convicções dos cidadãos pertencentes às democracias ocidentais podem motivar, justificar, fundamentar o mesmo corpo mínimo de crenças capazes de contribuir para o equilíbrio reflexivo exigido por *Uma teoria da justiça.* O artigo de 1989, que tem exatamente o título "The Domain of the Political and Overlapping Consensus", é expressamente dedicado a essa *aposta* que serve de contraponto ao método de *fuga* mencionado há pouco. Afirma-se de início que a teoria da justiça como eqüidade constitui uma concepção política independente, em outras palavras, não deduzível de uma teoria geral da instituição ou da comunidade. Portanto, ela exige uma justificação distinta, uma garantia própria de estabilidade. Ora, apenas algumas doutrinas *"comprehensive",* sejam elas morais, filosóficas ou religiosas, podem, apesar da oposição mútua, concorrer por meio de sua intersecção para essa fundamentação comum dos valores próprios a uma democracia eqüitativa e capaz de durar.

Percebem-se as dimensões da aposta: esta é ressaltada pela idéia complementar à idéia de consenso por intersecção, a saber, a idéia de *"desacordo razoável",* que constitui o verdadeiro cerne desse importante artigo:

> Podemos dizer que desacordo razoável é um desacordo entre pessoas razoáveis, ou seja, pessoas que desenvolveram suas duas faculdades morais [essas faculdades são a capacidade de ter um senso de justiça e uma concepção do bem] em grau suficiente para serem cidadãos livres e iguais numa democracia, pessoas que têm um desejo duradouro de ser membros plenamente ativos da sociedade durante toda a sua vida.[17]

---

17. *Théorie de la justice, op. cit.,* p. 327.

Dessa declaração resulta que a oposição entre política e "metafísica" aplicada à idéia de justiça não implica desprezo, indiferença nem hostilidade para com concepções "metafísicas" do bem, uma vez que se espera que, com sua convergência para um ponto preciso – o da justiça política –, elas forneçam a força de adesão duradoura aos princípios de justiça. De resto, como os desacordos poderiam ser razoáveis, se as crenças professadas fossem consideradas simples preconceitos ou anacronismos? É preciso admitir, assim como T. Nagel em *Mortal Questions*[18], que *a razão tem suas dificuldades* ("as dificuldades da razão[19]"), precisamente na esfera de seu exercício prático e normativo, e, assim como I. Berlin, que todo sistema institucional só pode aceitar um número limitado de valores fundadores em seu espaço de realização. A democracia constitucional não poderia, portanto, poupar *"preceitos da discussão razoável*[20]*"*, com o que J. Rawls se aproxima da ética habermasiana da discussão, sem renunciar às suas ressalvas em relação a argumentos transcendentais. A idéia de consenso por intersecção continua sendo uma idéia pragmática, avalizada por uma experiência no mínimo bicentenária da prática democrática. No entanto, a própria idéia de consenso precisa ser temperada pela idéia de expectativa de

> sustentação de uma maioria substancial de seus cidadãos politicamente ativos.[21]

Caberá censurar J. Rawls por ter desconsiderado a problemática da *dominação* que, na Europa continental pelo menos, ocupou maciçamente o cenário da filosofia política de Hegel a Max Weber e a Carl Schmitt? J. Rawls acredita ter dado espaço a duas características importantes da relação

---

18. Nagel, *Mortal Questions*, Cambridge University Press, 1979.
19. *Théorie de la justice, op. cit.*, pp. 326 ss.
20. *Justice et démocratie, op. cit.*, pp. 329 ss.
21. *Ibid.*, p. 331.

política[22] – o caráter fechado de uma sociedade na qual não entramos e da qual não saímos voluntariamente e o caráter coercitivo do poder político, pelo menos na fase de aplicação das leis. Mas, embora de fato pertençam à delimitação do "domínio especial político", essas duas características nada nos informam sobre as condições de justiça que farão do Estado um Estado de direito e do regime político um regime constitucional. É a adesão dos cidadãos como pessoas livres e iguais que justifica a estrutura geral da autoridade política. O caráter razoável dessa adesão consiste no fato de que nenhuma comunidade de crenças religiosas, filosóficas ou morais considerará razoável recorrer ao poder do Estado para obter a devoção dos outros a suas próprias doutrinas.

J. Rawls expõe um pouco mais sua própria apreciação da situação espiritual contemporânea quando examina aquilo que considera *protótipo* de um consenso por intersecção: é o caso em que a concepção política é aprovada pelas seguintes três doutrinas "abrangentes": uma concepção religiosa que vincule a tolerância à própria compreensão da fé, uma forma de liberalismo filosófico como o de Kant ou de Mill, em que a teoria da justiça como eqüidade é conseqüente de sua visão geral do mundo, e, finalmente, uma concepção política auto-suficiente na expressão dos valores políticos

> que, nas condições relativamente favoráveis que possibilitem uma democracia constitucional mais justa ou menos justa, sobrepujem normalmente quaisquer outros que se lhe oponham.[23]

John Rawls não diz onde ele mesmo se situa na qualidade de pessoa singular em relação a esse protótipo de consenso por intersecção. Seu papel de filósofo termina no

---

22. *Ibid.*, pp. 335 ss.
23. *Justice et démocratie, op. cit.*, p. 259.

momento em que ele ressalta o caráter aleatório das próprias condições de estabilidade sem as quais seria insuperável a objeção de *irrealismo* que Rawls opõe à idéia de uma sociedade bem ordenada e governada pela teoria da justiça como eqüidade, no sentido de *Théorie de la justice*[24].

---

24. Prefácio de 1992 a *Justice et démocratie*, p. 9. O leitor de língua francesa encontrará uma análise crítica detalhada da teoria da justiça de Rawls nas obras recomendadas pelos editores de *Justice et démocratie*, p. 372.

A pluralidade das instâncias de justiça

O tema desta aula pode parecer inoportuno, intempestivo, no sentido exato da palavra. Num momento em que a opinião e os poderes públicos se indagam sobre a natureza das transferências que nossa nação deve consentir em fazer para as instituições européias atuais e futuras, quando se indagam se o que está aí é uma simples transferência de competência ou uma real transferência de soberania, considerada indivisível e, portanto, inalienável, é nesse momento que nos dedicamos a dimensionar um problema simétrico, apesar de orientado em sentido inverso. A limitação daquilo que se pode chamar poder jurídico do Estado já não seria realizada por cima, mas, digamos, por baixo e para baixo. O que diversos autores estão teorizando é um movimento histórico que atua em nível infra-estatal. Proponho-me examinar duas dessas defesas da diferenciação infra-estatal de instâncias geradoras de direito. A primeira, feita por Michael Walzer em *Spheres of Justice*[1], é considerada como uma das mais brilhantes contestações de John Rawls e de seu conceito abstrato, formal e estritamente procedimental de justiça. A segunda defesa é feita por Luc Boltanski e Laurent Thévenot em *De la justification: les économies de la grandeur*[2];

---

1. Michael Walzer, *Spheres of Justice. A Defense of Pluralism and Equality*, Basic Books, 1983.
2. Luc Boltanski e Laurent Thévenot, *De la justification: les économies de la grandeur*, Paris, Gallimard, 1991.

neste caso, a singularidade está na idéia de justificação, e não diretamente na de justiça, e o que introduz a pluralidade no próprio cerne da exigência de justificação são as cidades e os múltiplos mundos regidos por aquilo que o subtítulo chama de economias da grandeza. O termo de referência já não é a abstração procedimental de Rawls, mas sim a aparente antinomia entre o holismo dos sociólogos durkheimianos e o individualismo metodológico professado pela teoria econômica. O fato é que as duas obras, apesar das diferenças que apontaremos, lidam com um pluralismo que, de alguma maneira, toma pelo avesso o foco unitário de juridicidade que o Estado-nação constitui em nossa tradição ocidental e, mais precisamente, republicana.

Há uma armadilha na qual não gostaria de cair, a da comparação termo a termo que redunde na simples justaposição de duas breves monografias.

Para além da diferença de recorte daquilo que aqui se chama esfera e ali cidade, focalizarei duas questões. A primeira diz respeito à natureza diferente dos projetos e dos critérios de distinção daí resultantes. A segunda e mais importante, mas comandada pela primeira, refere-se às novas possibilidades de remembramento da comunidade política e de sua justiça, que foram deixadas abertas por esses dois esforços de, digamos, pluralismo jurídico. De fato, essas duas obras, ao tomarem pelo avesso a nossa concepção republicana de unicidade do foco de juridicidade, resumida pelo conceito de soberania do povo, não estarão nos convidando a tomá-las pelo avesso também, perguntando-lhes o é feito, afinal de contas, da justiça ou da justificação como termo singular, ao cabo do grande desvio pela multiplicidade e pela diversidade dos focos de direito.

Dois projetos de pluralização

Abordando as duas obras a partir do projeto que as anima e dos critérios de distinção que decorrem desses projetos, o que nos chama primeiro a atenção são as diferenças expressas nos subtítulos das duas. De um lado: "Defesa do pluralismo e da igualdade"; do outro: "Economias da grandeza". O que isso quer dizer?

O projeto de Walser, portanto, trata da igualdade; mas o critério de diferenciação é dado pela noção de bens sociais. Portanto, é importante examinar a natureza dessa conexão. Igualdade, desde Sólon, Péricles, Isócrates e Aristóteles, é um sinônimo de justiça, visto considerar-se que a justiça regula a distribuição de partes iguais ou desiguais, nos variados sentidos de qualificativo. Digamos que a justiça, no sentido distributivo, identifica a idéia de igualdade com a idéia de divisão justa. As dificuldades começam quando se destaca a igualdade simples – aritmética, dizia Aristóteles – segundo a fórmula: a cada um a mesma parte. Em geral se admite que somente uma sociedade repressiva poderia impô-la, e em detrimento de todos. O que significa então igualdade complexa? A reivindicação de tal igualdade revela-se essencialmente reativa, corretiva, em resumo, abolicionista; o que ela quer abolir é a dominação. Vejamos o projeto:

> O objetivo visado pelos igualitaristas é uma sociedade liberta da dominação (p. XIII).

Como veremos, não se encontra nada de semelhante em Boltanski-Thévenot. Ora, por meio do quê se manifesta a dominação em nossas sociedades? Essencialmente pela maneira de repartir os bens sociais. Como agir para que nenhum bem social sirva de meio de dominação? Com essa pergunta unimos o projeto ao critério, a saber, o princípio de diferenciação dos bens sociais. Três asserções interligadas nos servirão de guia:

1. os bens sociais são irredutivelmente múltiplos;

2. cada um deles assenta num simbolismo compartilhado (Walzer fala de *shared understandings*);

3. segundo a compreensão que os grupos em questão tenham deles, cada um desenvolve uma lógica interna, a saber, razões que regem ao mesmo tempo a extensão de validade e o limite de reivindicação.

Essas três asserções valem como critério de identificação dos bens em questão, de diferenciação dos simbolismos implicados, de delimitação das esferas em questão.

Percebe-se assim que o projeto – contrapor-se à dominação – e os três critérios ligados à noção de bens sociais se articulam entre si. A noção de igualdade complexa aparece então como conceito resultante da intersecção entre o projeto de combater a dominação e o programa de diferenciação das esferas de justiça. Tanto quanto a idéia simples de igualdade, a idéia complexa de igualdade é um conceito contestador, "abolicionista". Podemos a partir de agora presumir que a preocupação com a diferenciação sobrepujará a preocupação com a integração. Mas esse será o tema de nossa segunda parte.

Agora, se dirigirmos o olhar para a lista aberta (*open ended*) proposta por Walzer, ficaremos impressionados com várias características que podem surpreender. Em primeiro lugar impõe-se uma impressão de bricabraque; o que há é realmente bricolagem, no sentido de Lévi-Strauss. Esse efeito é incontestavelmente proposital; porque, se é verdade que os bens sociais são heterogêneos, por sua vez as razões que regem sua apreciação são incomensuráveis. Isso é confirmado por um rápido exame dos títulos. Começa-se com a nacionalidade (*membership*): como se distribui o dentro e o fora da comunidade política entre membros e estrangeiros? Continua-se com a proteção social (*provision*), essencialmente a seguridade e a assistência aos menos favorecidos, com a pergunta: que necessidades (*needs*) acarretam a obrigação de prover e um direito correspondente? Daí se passa ao dinheiro e às mercadorias, com a pergunta: o que pode ou não pode ser comprado com dinheiro?; e responde-se à pergunta com a lista mais completa possível daquilo que não é venal. Portanto, é tratando das significações legítimas vinculadas à noção de bens mercantis que se decidem os limites vinculados à noção de mercado e de economia de mercado. Consideram-se em seguida os cargos (*office*) abertos à competição regulamentada, com um feixe de perguntas:

que provas? que juízes? e sobretudo esta: todos os empregos (*jobs*) devem ser alçados a cargos? A questão é do direito e dos limites da noção de serviço público e funcionarismo. É curioso que se continua com a questão dos trabalhos pesados, sujos ou degradantes (*hardwork*), considerados valores negativos que devem ser compartilhados eqüitativamente sem arregimentar a todos. Daí se passa ao lazer que, na qualidade de bens positivos, não se reduz à preguiça nem às férias, mas rege a distribuição do tempo social e dos ritmos de atividade da cidade. Não surpreende ler em seguida longas páginas dedicadas à educação; é um bem social porque a transmissão do saber e a formação da autonomia pessoal evidentemente fazem parte do simbolismo social; uma enfiada de indagações referentes à justiça decorre da compreensão desse bem: quem ensina? a quem? sob controle de que instâncias? e, sobretudo, como garantir a igualdade de oportunidades, sem incidir de novo em sistemas repressivos por excesso de zelo pedagógico? O leitor, formado na filosofia política, se admira quando, em seguida, topa com três capítulos dedicados às relações de parentesco e afeição, à graça divina, à luta pelo reconhecimento; é a oportunidade de repetir que a lista dos bens sociais é imensa e nunca se encerra, desde que se levem em conta a amplitude dos simbolismos compartilhados, a lógica interna aos bens considerados e, sobretudo, a resultante delimitação dos espaços de validade: quem negará que a filiação, o casamento e a igualdade dos sexos criam questões de distribuição? E que o conflito entre as Igrejas e os Estados exigem o represamento das pretensões antagonistas, alternadamente elevadas de um ou do outro lado de uma linha de demarcação conquistada por preço tão alto? Por fim, o próprio reconhecimento é um bem social na forma de títulos, honrarias, recompensas e prêmios, mas também de punições:

> Assim, o que distribuímos uns aos outros é a estima, não a auto-estima; o respeito, não o auto-respeito; a derrota, não o senso da derrota; e a relação entre o primeiro e o segundo termo de cada par é indireta e incerta (p. 273).

Como se percebe, a noção de bens sociais é muito estendida, chegando à esfera da intimidade, e os problemas da justa distribuição nos perseguem até os confins do foro íntimo.

Mas passo ao último capítulo, cujo lugar no edifício, ou melhor, na enumeração, estará no cerne das reflexões críticas de nossa segunda parte, quando nos interrogarmos sobre os recursos de remembramento ainda oferecidos por ambos os pluralismos jurídicos. Esse capítulo intitula-se: "Poder político". É notável que nele não se encontra nenhuma definição formal do Estado, embora se enumerem, sem maior exame, soberania, autoridade e poder de decisão. É como bem entre os bens, portanto como bem distribuído, que o poder é buscado, temido e combatido. Se assim é, a razão é que nenhum outro bem propõe de modo tão crítico o problema das fronteiras: ora ele é colonizado pelo dinheiro, pela competência dos especialistas e até pelo sexo, ora invade as outras esferas, a ponto de conferir à tirania sua forma mais visível. Como o conter em suas fronteiras? Pois bem, procedendo como com o dinheiro, quando se procura saber o que não pode ser comprado em virtude da lógica interna aos bens venais; do mesmo modo será montada a lista daquilo que o poder político não pode fazer: tolerar a escravidão, corromper a justiça, criar discriminações entre os jurisdicionados, controlar a religião, confiscar ou taxar abusivamente a propriedade, arrogar-se o monopólio do ensino, restringir as liberdades fundamentais. Para Walzer, a questão referente ao que o poder político pode e não pode fazer precede e determina a questão de quem governa. Retomando a velha metáfora do piloto e da navegação, ele proclama orgulhosamente que cabe aos passageiros escolher o destino e dimensionar os riscos, não ao piloto. Aqui Walzer está muito próximo de Hannah Arendt, para quem o poder procede da conjunção das vontades e de nenhuma instância superior.

Nesse aspecto, o maior perigo para nossas sociedades vem da coalizão entre a propriedade, como poder sobre as coisas, e o poder político, exercido sobre os seres humanos.

Donde a urgência permanente da justa delimitação das esferas. O fato é que o leitor não deixa de se preocupar: o poder político – perguntará ele – é um bem como os outros? Na qualidade de "instância crucial da justiça distributiva", não será ele mesmo o guarda de fronteiras? E, nessa qualidade, não acarretará um problema totalmente específico de autolimitação, seja pela via constitucional, seja por qualquer outro meio? Tocamos aí aquilo que na segunda parte chamarei de paradoxo da política, a saber, o âmbito político parece constituir ao mesmo tempo uma esfera da justiça, entre outras, e o envoltório de todas as esferas.

Passando de Walzer a Boltanski-Thévenot, o que impressiona de imediato é a diferença, tanto no nível do projeto quanto da criteriologia resultante deste; ao par formado pela demanda de igualdade complexa e pela investigação dos bens sociais, corresponde outra conjunção: entre a demanda de justificação e a investigação das ordens de grandeza. Essas diferenças globais referem-se a situações iniciais diferentes: em Walzer, é a tirania, forma perversa da dominação; em Boltanski-Thévenot, é o conflito, a disputa, a dissensão, enfim a discórdia. A dominação exige uma estratégia de represamento; a discórdia, uma estratégia de justificação, que consiste na bateria de argumentos que devem ser enfatizados nos litígios. Assim associado à demanda de justificação, o senso de injustiça não constitui motivação menos forte no âmbito do desacordo do que no da dominação; pois é a violência que ronda a discórdia quando esta não consegue se elevar ao nível do discurso. Essa é, pois, a pergunta da qual a obra parte: como justificar o acordo e administrar o desacordo sem sucumbir à violência?

Esse projeto determina uma metodologia, ou melhor, uma criteriologia que, como em Walzer, consiste num trabalho de diferenciação. Por esse motivo, será proposto na segunda parte um problema idêntico de remembramento. Mas a diferenciação aqui não gira em torno dos bens sociais e da compreensão que comungamos a respeito deles, mas em torno dos princípios de grandeza. Não é fácil delimitar a diferença: digamos que primeiramente se sai em busca de formas de equivalência – portanto de generalidades – entre os atores sociais, resultante do fato de estes recorrerem a princípios últimos de legitimação nas situações de acordo e desacordo. São esses princípios que, em última instância, se mostram múltiplos.

Na regressão em direção aos argumentos cada vez mais preliminares, é preciso decidir parar em algum ponto; a necessidade dessa parada nas operações de justificação não pode deixar de despertar o interesse do jurista que reflita sobre a relação entre julgamento e decisão: parada na deliberação, parada na confrontação das reivindicações, última palavra pronunciada no debate de si consigo ou de si com outrem. Mas não é só isso: ainda não introduzimos a idéia de grandeza e de economia da grandeza. As ordens de generalidade que correspondem às formas de justificação não são apenas maneiras de classificação, mas escalas de avaliação; pensamos em Pascal e em suas "grandezas de estabelecimento"; nossos autores também pensaram. Que os princípios de justificação regem relações de grandeza é algo que se impõe uma vez que à idéia de justificação se vincula a idéia de valor mais ou valor menos em provas de qualificação.

Aí está o que em Boltanski-Thévenot ocupa o lugar ocupado em Walzer pela idéia de heterogeneidade dos bens sociais, a saber, a pluralidade dos princípios de justificação invocados quando atores sociais tentam defender sua causa ou enfrentar a crítica em situações de discórdia.

Eu não gostaria que, por questões didáticas, a oposição fosse levada longe demais. Há um parentesco a aproximar esses dois projetos de pluralização da idéia de justiça. Isso pode ser mostrado por meio dos empréstimos implícitos que um faz ao outro. Assim, a noção de bens sociais desenvolve uma lógica interna com forte carga prescritiva (o que se tem ou não direito de comprar); nesse sentido, a noção de compreensão compartilhada soma-se à noção de justificação. Em sentido inverso, pode-se dizer que os estados de grandeza dão ensejo à distribuição assim como os bens sociais; a justificação é então da alçada da justiça distributiva. Além disso, nos dois casos, o que se distribui é também poder, portanto também satisfação e gozo. O fato é que continua grande a distância entre um projeto que visa à igualdade, ou seja, à limitação da dominação, e um projeto que visa à justificação, ou seja, ao tratamento racional dos litígios.

Essa diferença inicial encontra eco no plano dos modelos nos quais redundam as duas iniciativas. Não por acaso, não se fala de esferas de justiça, e sim de cidades e de mundos. Os regimes de ação justificada merecem o nome de "cidades", uma vez que conferem coerência suficiente a uma ordem de transações humanas. São chamadas de "mundos", uma vez que coisas, objetos e dispositivos servem de referentes estabelecidos, ao modo de um *mundo comum*, nas provas que se desenrolam em dada cidade. Assim, na "cidade inspirada", a grandeza das pessoas é determinada por uma graça, um dom, sem relação com o dinheiro, com a glória ou com a utilidade. Na "cidade da opinião", a grandeza depende da fama, da opinião dos outros. Na "cidade mercantil", os bens raros, alvo da cobiça de todos, são negociados, e as pessoas só estão unidas pela concorrência das cobiças. Na "cidade doméstica", que se estende àquilo que Hannah Arendt chamava de âmbito doméstico, reinam valores de lealdade, fidelidade, reverência. A "cidade cívica" baseia-se na subordinação do interesse pessoal à vontade de todos, expressa pela lei positiva. Na "cidade industrial" – que não deve ser confundida com a cidade mercantil, na qual a fixação instantânea dos preços faz o valor –, o que domina são as regras funcionais de longa duração submetidas ao princípio superior da utilidade.

A semelhança superficial impressiona à primeira vista: o capítulo "cidade mercantil" lembra o capítulo "dinheiro e mercadorias"; a "cidade cívica" lembra o "poder político"; e seria fácil encontrar equivalências entre aquilo que se diz, por um lado, da "cidade inspirada" e, por outro, da "graça divina", bem como entre "cidade doméstica" e "tempo livre", "reconhecimento" etc. Mas é de duvidar que uma correlação termo a termo leve muito longe, tamanha é a diferença da metodologia posta em jogo por cada um. Walzer fala em nome de uma antropologia cultural para a qual as avaliações de bens apresentam relativa coerência de estabilidade a longo prazo. O filósofo procede aí como Clifford Geertz em sua "Compreensão das culturas"; limita-se a engrossar os contornos, para desenhar perfis relativamente estáveis e duradouros de avaliação; o que ele pressupõe é que os *shared understandings* possibilitam esse procedimento que, afinal, já era o de Max Weber na elaboração de seus *ideais-tipo*. As cidades de Boltanski-Thévenot não são *ideais-tipo* de avaliações compartilhadas, mas argumentações em situações de acordo e de litígio. Essa é a razão pela qual a reconstrução é mais complexa do que a simples duplicação das compreensões efetivamente atuantes num período de tempo bastante longo. Elas consistem curiosamente e – diria eu – felizmente em interligar de modo direto, com o fito de obter a elucidação de umas pelas outras, por um lado obras especulativas recebidas da tradição filosófica e teológica e, por outro, manuais destinados a executivos de empresas e a líderes sindicais.

Essa leitura cruzada é pela primeira vez praticada no âmbito da "cidade mercantil". Os autores extraem da obra de Adam Smith os elementos que garantem o estabelecimento de um vínculo mercantil; esses elementos, segundo expressão de Smith, constituem os rudimentos de uma "gramática" que é possível identificar em argumentações mais frágeis, menos articuladas, como as dos manuais considerados. Da mesma maneira, a *Cidade de Deus* de Agostinho tem a incumbência de levar a um nível apropriado o discurso mais frágil articulado por pessoas inteligentes, artistas e marginais geniais que povoam a "cidade inspirada". O *Contrat social* de Rousseau é, evidentemente, o principal recurso da "cidade cívica". A concepção de honra em Hobbes explicita as regras sutis de hierarquia na "cidade da fama", na qual a grandeza só depende da opinião alheia. Saint-Simon é o guia na exploração dos discursos feitos por aqueles que ele foi o primeiro a chamar de industriais. Bossuet e outros moralistas fornecem um discurso apropriado à "cidade doméstica" (noto de passagem que a filosofia é reintroduzida no âmago das ciências sociais na qualidade de tradição argumentativa, o que ao mesmo tempo constitui uma justificação indireta para ela e, para o sociólogo e o economista que são nossos dois autores, o reconhecimento de pertencerem a uma história do sentido).

A vantagem da metodologia aplicada em *De la justification* é levar muito mais longe a análise conceitual daquilo que em Walzer é tomado como óbvio, depois de estabelecido o simbolismo que rege dada categoria de bens sociais. Gostaria de mostrar esse fato aludindo às duas subdivisões nas quais as duas obras parecem sobrepor-se: o vínculo mercantil e o vínculo político.

Com referência ao vínculo mercantil, Walzer, essencialmente preocupado em prevenir a invasão de uma esfera pela outra, limita-se a uma identificação sumária daquilo que significa compartilhar, comprar-vender, trocar; conta com uma espécie de intuição esclarecida, levada ao nível de lógica interna dos bens considerados, para montar a lista daquilo que não pode ser comprado nem vendido. Afinal, é compondo a lista dos itens pertencentes a outras categorias de bens que se especifica, de maneira até certo ponto negativa, o próprio bem mercantil. Essa operação de demarcação, em *De la justification*, corresponde a um trabalho de constituição de tipo argumentativo mais do que apreciativo do próprio vínculo mercantil. Pode-se falar de verdadeira constituição do bem comum que leva os indivíduos a superar sua singularidade. Na segunda parte voltaremos ao papel desempenhado por essa noção de bem comum, que nossos autores especificam a cada vez, em função da cidade considerada. Assim, no caso da "cidade mercantil", o bem comum é representado pelo preço que conclui a negociação suscitada pelo livre jogo das cobiças:

O vínculo mercantil une as pessoas por intermédio de bens raros submetidos aos apetites de todos, e a concorrência das cobiças subordina o preço, vinculado à posse de um bem, aos desejos dos outros (p. 61).

Portanto, está claro que são as regras que regem o dispositivo do mercado – segundo os autores, regras semelhantes às regras de gramática – que permitem, secundariamente, criticar a pretensão da esfera mercantil a contaminar as outras esferas. O exemplo da cidade mercantil dá boa oportunidade de afinar a diferença entre uma abordagem avaliativa e uma abordagem argumentativa. Seja qual for seu inegável parentesco.

Gostaria agora de considerar o outro registro em que as duas análises se intersecionam: o poder político e a cidade cívica. Para Walzer, como vimos, a questão do poder está muito ligada à preocupação principal de sua obra, a saber, o destino da dominação. Também vimos que, montando-se a lista daquilo que o poder político não tem o direito de controlar, desenham-se os contornos da esfera do poder. Mas sua constituição interna é considerada já entendida, ao passo que em Boltanski-Thévenot o contrato social suscita uma gênese conceitual, a saber, aquela que procede da transferência da soberania do corpo do rei para a vontade geral. Trata-se, realmente, de uma forma de subordinação na qual o bem comum é definido como "bem público". É do compromisso recíproco entre os particulares e o poder público que procedem os graus de grandeza cívica, conforme a vontade que leva os cidadãos a agir seja singular ou, ao contrário, esteja voltada para o interesse geral. É nesse ponto que a análise da cidade cívica leva às mesmas perplexidades que a análise da esfera do poder político: a cidade cívica – a estranheza da expressão deveria já alertar – será uma cidade como todas as outras? Seu paradoxo não estará no fato de ser ela ao mesmo tempo o envoltório de todas as cidades? Essa perplexidade constituirá o cerne de nossa segunda parte.

Mas eu gostaria de dizer ainda algumas palavras sobre a diferença de estratégia das duas obras examinadas. Essa diferença aumenta quando Boltanski-Thévenot completam sua teoria das "cidades" com a teoria dos "mundos". Lembro a maneira como nossos autores passam do primeiro tema para o segundo. A atenção dada à gramática do elo constitutivo de cada cidade deve ser acompanhada, segundo eles, pela atenção às provas nas quais se julga a qualificação das pessoas em função desta ou daquela grandeza. Ressalto, de passagem, a importância que para os juristas tem o momento do julgamento, que é o momento da decisão final pela qual se dirime uma disputa, remove-se a incerteza referente aos estados de grandeza. O importante para nossa análise está em outro lugar: é o apoio em coisas, objetos e dispositivos nas provas de qualificação que autoriza a falar não só em "cidades", mas também em "mundos". Dizem nossos autores: "Da justiça, a questão do acordo leva assim ao ajuste" (Thévenot expressou-se mais recentemente sobre aquilo que ele chama de "ação-que-convém"). Talvez por essa atenção dada aos dispositivos materiais, comparáveis ao aparato judiciário do tribunal, nossos autores se afastem mais da fenomenologia dos simbolismos compartilhados e se aproximem mais de uma criteriologia do julgamento com o título de "julgamento posto à prova" (sobre o parentesco com o julgamento judiciário, consultar as páginas 164-5). É a parte da obra de Boltanski-Thévenot que corre o risco de ser mais negligenciada. No entanto, é aí que a abordagem de nossos autores se distingue com mais nitidez da abordagem de Walzer; a passagem da idéia de cidade à idéia de mundo possibilita verificar a gramática das obras de filosofia política com o auxílio dos discursos muito próximos da prática, presentes em manuais destinados a executivos ou a representantes sindicais; enquanto os filósofos guiam para as cidades ideais, esses manuais guiam para mundos reais. Em vez de prolongarmos este confronto no plano da realização detalhada dos projetos de partida, daremos atenção à questão crítica formulada no início desta aula.

Rumo ao paradoxo político

A questão era a seguinte: que recursos de remembramento do corpo político, portanto de unificação dos focos de direito, continuam disponíveis no fim da leitura de uma dessas obras?

Não se pode dizer que a obra de Walzer seja desprovida de qualquer propósito abrangente: o tema da igualdade complexa, tema considerado "abolicionista" e oposto polarmente ao da dominação, permeia todas as esferas. Se assim se pode dizer, é o que as une. O tema figura já no subtítulo: *defesa do pluralismo e da igualdade*. Entenda-se: o pluralismo a serviço da igualdade complexa. Lembramos a fórmula já citada em *Spheres of Justice*:

> O objetivo em vista pelo igualitarismo político é uma sociedade liberta da dominação (p. XIII).

Com esse tema Walzer pode entrar em competição com Rawls no nível de seu segundo princípio de justiça; mais fundamentalmente, é ele que autoriza manter, no próprio título da obra, a palavra justiça no singular. Tudo o que se diz depois sobre o funcionamento geral da dominação é da alçada daquilo que se pode chamar de formalismo mínimo, que se expressa nas definições do trabalho de termos como monopólio, dominação, predominância e, finalmente, tirania. Esse formalismo mínimo se expressa ulteriormente na correlação entre o projeto abolicionista e a criteriologia dos bens sociais. Nesse aspecto, pode ser considerado como traço formal o triplo critério: heterogeneidade dos bens sociais, simbolismo compartilhado, lógica interna de alcance prescritivo. Mas eu gostaria de insistir num conceito que ainda não trouxemos à tona e que se situa no ponto de encontro entre o projeto de diferenciação e a criteriologia extraída da noção de bens sociais: o conceito de *conversão* e de *conversibilidade*; conversão consiste em um dado bem, digamos o dinheiro, a riqueza, ser arvorado em título de valor em outra esfera de justiça, digamos o poder político. Aí está o último segredo do chamado fenômeno de predominância (*dominance*), definido como

> meio de valer-se de certos bens que não é limitado pelo significado intrínseco deles e que configura esses significados por sua própria imagem (p. 11).

Seria possível caracterizar a conversão como violência simbólica. Ora, é curioso que Walzer declara:

> Um bem predominante é convertido em outro bem ou em vários outros, em função daquilo que muitas vezes se tem por processo natural, mas de fato constitui um processo de ordem mágica, comparável a alguma alquimia social (p. 11).

Esse texto surpreendente leva a pensar no famoso capítulo do *Capital* dedicado ao fetichismo da mercadoria, em que a mercadoria é arvorada em grandeza mística, em virtude da fusão do econômico com o religioso. Ora, Walzer recorrerá várias vezes à conversão, mas, sem outra reflexão, a deixará na condição de metáfora. No entanto isso não é pouca coisa, se admitirmos com o autor que

> é possível caracterizar sociedades inteiras em função das figuras de conversão que reinam em seu seio (*ibid.*).

E mais adiante:

> A história não revela nenhum bem predominante único, nenhum bem naturalmente dominante, mas apenas diferentes tipos de magias e de bandos rivais de mágicos (*ibid.*).

A resistência do autor a falar mais sobre o assunto resulta da postura principal de sua obra, que é de vigilância nas fronteiras, como se a preocupação em fundamentar e integrar o elo social mais vasto dificultasse a tarefa de combater os monopólios e as tiranias, como se – e essa é minha interpretação pessoal – toda iniciativa de fundamentação estivesse condenada a fazer perfidamente o jogo da magia de conversão.

Mas uma teoria exclusivamente preocupada em diferenciar as esferas acaso poderá evitar a questão da integração dessas esferas num mesmo corpo político? Não que o autor ignore a questão. No momento de elaborar seu argumento, ele declara:

> A comunidade política é o dispositivo [*setting*] apropriado à iniciativa (p. 28).

Mas em nenhum lugar a situação desse dispositivo é objeto de uma reflexão específica. Essa omissão explica certas anomalias no tratamento da primeira e da última das esferas de justiça: a nacionalidade e o poder político.

No que se refere à primeira esfera de justiça, cabe observar que todas as outras distribuições de bens se desenrolam em seu seio; a nacionalidade não é um bem social como os outros:

> Não o distribuímos entre nós: ele já é nosso. Nós o concedemos aos estrangeiros (p. 32).

E mais adiante:

> A nacionalidade não pode ser concedida por alguma instância externa: seu valor depende de uma decisão interna (*ibid.*).

Em outras palavras, tropeçamos aqui num fenômeno de autoconstituição que mal se deixa situar sob a égide da distribuição, a não ser por meio do par membro/estrangeiro. O caráter insólito desse fenômeno de autoconstituição em relação a uma idéia de justiça distributiva é ressaltado mais uma vez pelo fato de a maioria dos outros bens distribuídos ser constituída por bens transfronteiras, para os quais o mundo constitui a última instância distributiva que possa ser chamada de "*self contained*". Por oposição, é preciso dizer que

> no entanto, é com a comunidade política que nos aproximamos mais do bem comum (*ibid.*).

A leitura do último capítulo, que de alguma maneira corresponde polarmente ao primeiro, reforça nossa perplexidade. Conforme anunciamos no fim da primeira parte, o poder político é ao mesmo tempo um bem compartilhado como os outros e – desde que cuidemos – o guardião das fronteiras. Mas rapidamente se evidencia que o que interessa Walzer não é, de modo algum, a condição da soberania popular e sua eventual indivisibilidade, logo a fundamentação do corpo político, o que tocaria na própria questão da fonte do direito, mas sim a eventualidade daquilo que se nos mostrou como a grande perversão do processo de avaliação dos bens, a saber, a conversão indevida de um bem em outro: da riqueza em poder político, do poder político em poder religioso etc. Dessa maneira, evita-se a questão da fundamentação unitária do corpo político. Por isso mesmo, a obra evita enfrentar o paradoxo constituído pelo tratamento do Estado em termos de justiça distributiva: na qualidade de bem partilhável, o poder político exige ser posto em seu lugar entre os bens; é uma maneira de contribuir para desmistificá-lo. Mas, não sendo ele unicamente um bem entre os outros, uma vez que ele é o regulador de numerosas distribuições, inclusive as que incidem sobre bens incorpóreos, como os afetivos, os místicos e os ético-jurídicos, o poder político parece sair do âmbito da justiça distributiva e propor o problema específico da autoconstituição, bem como o problema correlativo da autolimitação. Por que o autor evita formular o problema do Estado e da soberania nos termos desse paradoxo? Provavelmente ele diria que esse problema foi tratado com tanta abundância, que oculta aquilo que lhe parece hoje mais urgente, a saber, o problema do governo limitado. Seu debate já não é com Rawls, em torno dos princípios de justiça, mas com Nozick, em torno do governo mínimo. Tal como o bombeiro, ele corre para onde há fogo: onde há transgressão de fronteira. Ora, a seu ver o maior perigo está no poder político. Mas pode-se desconfiar de uma razão mais fundamental: uma filosofia política inteiramente construída com base no tema da heterogeneidade dos bens sociais está mal armada para formular o problema da autoconstituição do corpo político e os problemas anexos de sua autolimitação.

A questão é então saber se uma teoria da justificação, preocupada em diferenciar cidades e mundos, está mais preparada para enfrentar essa figura do paradoxo político. Numa primeira abordagem, pode-se afirmar que a obra de Boltanski-Thévenot está mais munida do que a de Walzer de considerações com visões abrangentes. Ao tema da igualdade complexa correspondem longas análises dedicadas sucessivamente às *figuras da crítica* nas situações de desacordo e àquela forma particular de retorno ao acordo constituída pela *composição*. Essa ordem de sucessão é importante: não se vai diretamente às possibilidades de acordo na escala de uma comunidade politicamente unificada; faz-se primeiramente um grande desvio pelo conflito entre os mundos. É certamente nisso que as duas iniciativas novamente se assemelham. Dos dois lados, o pluralismo induz, para começar, uma visão trágica da ação, já que o acordo numa cidade tem como preço o desacordo entre as cidades. Mas o que Walzer trata como um conflito entre simbolismos compartilhados, no prolongamento da heterogeneidade dos bens, Boltanski-Thévenot tratam como um conflito entre princípios de justificação, portanto como um exercício crítico. A transferência de um mundo para outro é caracterizada por uma transferência de argumentos capaz de minar por dentro os princípios de grandeza desta ou daquela cidade, assim submetida ao fogo do juízo de suspeição. Essa capacidade de contestação mútua mostra-se estrutural, e não conjuntural. O bem comum de uma cidade é vulnerável à crítica armada pela visão do bem comum que estabelece o elo interno de uma outra cidade. Nossos autores são assim levados a traçar o mapa das críticas cruzadas feitas por cada um dos mundos a cada um dos outros cinco. Tampouco aqui entrarei no jogo de fogos cruzados onde há muitas balas perdidas. Deter-me-ei numa observação que me levará diretamente à questão da *composição,* na qual está em jogo o sentido global da obra:

> Não existe posição englobadora, exterior e superior a cada um dos mundos, de onde a pluralidade das justiças pudesse ser considerada de cima, como um leque de escolhas igualmente possíveis (p. 285).

A ausência de qualquer posição englobadora é um tema importante, comum às nossas duas obras. Qual é o resultado disso para uma teoria da composição? Esta por acaso oferece novas aberturas para a recomposição de uma idéia unitária de justiça?

Observemos inicialmente, à guisa de transição, que a crítica dirigida de um mundo aos outros é levada por pessoas capazes de mudar de mundo, de pertencer simultaneamente a vários mundos, portanto de transportar consigo a visão interna do mundo do qual elas vêm. Também é presumida uma teoria implícita do *trickster*: é, em suma, o trânsfuga, o traidor, que permite que nossos autores escrevam:

> A possibilidade de sair da situação presente e de denunciá-la com apoio num princípio exterior e, por conseguinte, a pluralidade dos mundos constituem, portanto, a condição de uma ação justificada (p. 289).

Mas esse indivíduo que transpõe muralhas é movido pela visão de um bem comum que não seja apenas de uma cidade, mas de um mundo?

Eis aí a pergunta em torno da qual gira, afinal, toda a iniciativa. A essa pergunta é bem difícil responder com sim ou não.

Bem no início do livro, num nível ainda muito formal – antes de se entrar no labirinto das cidades, mais ou menos como quando Walzer fala da dominação antes de começar seu périplo pelas esferas –, nossos autores formulam uma série de axiomas que antecipam diretamente a resposta à nossa pergunta. O primeiro axioma é constituído pelo princípio "de comum humanidade dos membros da cidade" (p. 96). Esta iguala todos os homens como seres humanos, excluindo em particular a escravidão ou a criação de sub-homens. Mas, na falta de diferenciação, esse elo permanece não-político, uma vez que só põe em cena um homem único, um Adão. O Éden não é um lugar político. O acordo perpétuo de todos com todos nada mais propõe que uma utopia, no limite de toda cidade; é apenas com o segundo axioma, o princípio de dessemelhança, que podem ser distinguidos pelo menos dois estados possíveis para os membros da cidade; já não estamos no Éden; têm início as provas para atribuir os estados diferentes. Portanto, só um modelo de humanidade com vários estados dá acesso a uma vida política; por isso, é preciso somar um axioma suplementar que define o modelo de "humanidade ordenada" (p. 99). É nesse estatuto polarmente oposto à utopia de um Éden indiferenciado que se pode falar de bem comum, mas a cada vez sob o ângulo de uma cidade ou de um mundo.

Feita essa ressalva, podemos voltar à questão da composição, ou melhor, das composições entre cada cidade e as outras cinco. O que existe são sempre figuras de composição. Portanto, é em sentido impróprio, parece, que um dos últimos capítulos é intitulado: "As composições para o bem comum" (p. 337). Como haveria uma supercomposição na escala do corpo político indiviso, se é que a composição não passa de suspensão da dissensão pela qual a violência é evitada? A confissão é clara:

> O princípio visado pela composição continuará frágil enquanto não puder ser relacionado com uma forma de bem comum constitutivo de uma cidade. A instauração de uma composição não possibilita ordenar as pessoas segundo uma grandeza própria (p. 338).

A leitura da parte do livro dedicada à composição leva à impressão de que as composições são sempre mais frágeis do que os elos internos às múltiplas cidades. Daí resulta que, mesmo que algum bem comum superior seja visado pela composição, na qualidade de figura geral de interação, a sua indeterminação é proporcional à fragilidade do elo instaurado pela composição. Na falta da utopia do Éden, o que se oferece à administração são composições sempre ameaçadas de se transformar em concessões, segundo uma tendência que lembra o efeito adverso denunciado por Walzer sob a rubrica da conversão.

Pergunto-me então se, em Boltanski-Thévenot, assim como em Walzer, não se terá subestimado a importância do paradoxo político, resultante do fato de que a cidade cívica é e não é uma cidade como as outras, em todo caso não no sentido que têm o mercado, o âmbito doméstico, a cidade inspirada. Minha perplexidade é fortalecida pela própria escolha que os autores fazem do *Contrat social* de Rousseau como modelo da cidade cívica (a respeito da própria expressão cidade cívica, os autores demonstram alguma hesitação: não será pleonasmo?). De fato, se o *Contrat social* valer como modelo, será difícil mantê-lo como modelo de uma cidade entre outras. Ele só pode ser modelo de uma cidade inclusiva. Tanto é verdade que a vontade geral não tolera coalizão abaixo ou fora dela. Rousseau as teria chamado de "bandos".

Essas observações críticas prejudicarão as análises de Walzer e Boltanski-Thévenot? Ao contrário, eu seria tentado a creditar a essas duas obras o fato de nos terem ajudado a tomar consciência de uma situação inédita, em todo caso impensável nos termos de nossa tradição republicana e jacobina, a saber, que o Estado, enquanto fonte de direito, está hoje colocado na situação desconfortável de uma entidade solicitada a comportar-se ao mesmo tempo como todo e como parte, como continente e conteúdo, como instância inclusiva e região inclusa. É assim que as reticências, confessadas ou não, de nossos autores transformaram-se em nossas próprias perplexidades. Estas prenunciam tempos difíceis para o direito. Não será menos difícil, nas próximas décadas, conciliar a indivisível soberania popular com a proliferação de uma multidão de focos de direito, tanto quanto conciliar essa mesma indivisível soberania com as novas instituições pós-nacionais, senão supra-estatais, que, também elas, engendrarão direito. Assim como precisaremos gerir uma situação complexa, oriunda da imbricação de várias instâncias de juridicidade no nível estatal e supra-estatal, precisaremos cada vez mais gerir uma situação simétrica oriunda da imbricação de várias fontes de juridicidade no nível infra-estatal; essa situação resulta da figura apresentada pelo paradoxo político.

Juízo estético e juízo político segundo Hannah Arendt

O objetivo deste ensaio é pôr à prova a tese de Hannah Arendt exposta no terceiro volume (infelizmente inacabado e póstumo) de sua tríade *Thinking, Willing, Judging*[1], tese segundo a qual seria possível extrair do *corpus* kantiano, convencionalmente intitulado de filosofia da história, uma teoria do *juízo político* que satisfizesse aos critérios aplicados ao juízo estético na terceira *Crítica*, a *Critique de la faculté de juger*.

Juízo estético: Kant

Antes de abordarmos diretamente as hipóteses de Hannah Arendt, pode ser útil rememorar rapidamente as análises que Kant dedica ao juízo reflexivo, de que o juízo estético é uma das duas expressões, enfatizando sua capacidade de extrapolar para além do campo abarcado pela terceira *Critique*. Se não passo diretamente à análise do juízo esté-

---

1. A tríade deveria intitular-se *La vie de l'esprit*. Do terceiro volume só nos chegou *Lectures on Kant's Political Philosophy*, bem como o seminário sobre a *Critique de la faculté de juger* e o ensaio de Ronald Beiner (publicados por The University of Chicago Press, 1982). Com o título *Juger: Sur la philosophie politique de Kant*, publicado pela Seuil em 1991, Myriam Revault d'Allonnes traduziu, além do *"Post-scriptum"* do tomo I da *Vie de l'esprit (la Pensée)*, as *Conférences sour la philosophie politique de Kant*. Lê-se no fim da obra o ensaio interpretativo que ela juntou ao de Ronald Beiner com o título "Le courage de juger".

tico e se me demoro no conceito abrangente de juízo reflexivo, é para dar lugar a uma interpretação alternativa da filosofia política de Kant, que se situaria sob a égide do juízo reflexivo, mas não exclusivamente em seu uso estético. Partirei, portanto, da junção, sob o conceito abrangente de juízo reflexivo, entre juízo estético e juízo teleológico.

Digamos, para começar, que essa conjunção exigia profunda reformulação da própria concepção de juízo. Toda a tradição filosófica até Kant baseava-se na definição lógica do juízo como ato predicativo (dar um predicado a um sujeito). A inversão fundamental realizada por Kant consiste em substituir a idéia de atribuição (ou de predicação) pela idéia de subsunção, ou seja, por um ato pelo qual um caso é "colocado sob" uma regra. A grande novidade da terceira *Critique* em relação à primeira é admitir um desdobramento da idéia de subsunção: na primeira *Critique,* esta procede, digamos, de cima para baixo, da regra para o fato de experiência; é o juízo determinante, assim chamado porque, na aplicação da regra a um caso, o juízo confere à experiência o valor de verdade que consiste na objetividade (sem referência à idéia de adequação à coisa em si = X). A *Critique de la faculté de juger* situa-se na hipótese de um funcionamento inverso da subsunção: para um caso dado, "procura-se" a regra apropriada sob a qual se possa colocar a experiência singular; o juízo é "apenas" reflexivo, porque o sujeito transcendental não determina nenhuma objetividade universalmente válida, mas só leva em conta os procedimentos que o espírito segue na operação de subsunção que procede, digamos, de baixo para cima[2]. É essa amplitude da noção de juízo reflexivo que se deve ter em mente na seqüência da discussão. No entanto, não se poderia silenciar sobre a prioridade que o próprio Kant dá ao juízo estético em relação ao juízo teleológico. Essa prioridade resulta do fato de que a ordem natural pensada sob a idéia de finalidade tem

---

2. *Critique de la faculté de juger,* introdução IV, AK. V. 179, Paris, Gallimard, col."Bibliothèque de la Pléiade", II, p. 933.

uma dimensão *estética* em virtude de sua relação com o sujeito, e não com o objeto. A ordem nos toca porque nos agrada. Por isso mesmo, o juízo estético é reivindicado pelo juízo teleológico como primeiro componente do juízo reflexivo, portanto em relação à pura reflexão. Já na seção VII da "Introdução", Kant pode escrever:

> diz-se então que o objeto é belo, e o poder de julgar de acordo com tal prazer (por conseguinte, de modo universalmente válido) chama-se gosto.

Isso não pode ser dito sobre a ordem mecânica: ela não agrada, pois não corresponde a nenhuma expectativa (*Absicht*) passível de ser frustrada ou satisfeita. Portanto, parece legítimo pôr o juízo de gosto à testa de uma investigação que parece primeiramente destinada a realizar-se plenamente numa reflexão sobre a finalidade natural apresentada pelos organismos vivos. A unidade frágil das duas partes da terceira *Critique* baseia-se, afinal, nessa possibilidade de transferir a ênfase para o *prazer* da ordem ou para sua estrutura *teleológica*. A estética transcendental, entregue a si mesma, estaria ameaçada de resvalar para o psicologismo; a teleologia transcendental, para o naturalismo. O que garante certa primazia ao juízo de gosto em relação ao juízo teleológico é o parentesco mais imediato, reconhecível entre o belo e nossa expectativa de prazer puro.

Dito isto, examinaremos duas características do *juízo de gosto*: primeiramente, o fato de gosto ser *juízo*; depois, o fato de tão-somente sua *comunicabilidade* garantir sua universalidade. Essas duas características constituem os dois eixos principais da "Analítica do belo" (que adiante se verá completada por uma "Analítica do sublime").

a) De início, é surpreendente que um sentido mais íntimo que a visão ou a audição, a saber, o gosto (*Geschmack*), seja suporte de um juízo. Na esteira de Gracián, Kant destacou em primeiro lugar o seu caráter imediatamente discriminador (ou seja, capaz de distinguir o belo do feio); depois, a vinculação ao particular; por fim, a aptidão para a reflexão. Ora, o gosto reflete sobre o quê? Sobre a livre interação entre as faculdades representativas, essencialmente a imaginação (e seu caráter espontâneo), e o entendimento (como função de ordem). O prazer estético resultante da reflexão sobre essa interação é prazer puro. Prazer puro primeiramente no sentido de que o juízo de gosto não leva a conhecer nada do objeto, nem em si, nem como fenômeno de conhecimento. Além disso, o prazer puro também escapa à censura da moral, exatamente porque sua vinculação com a interação entre imaginação e entendimento lhe garante caráter desinteressado. O caráter reflexivo desse juízo não está na remissão que é feita a uma propriedade da coisa bela, mas inteiramente na remissão ao estado de livre interação entre as faculdades representativas. Para ressaltar a estranheza desse momento "qualitativo", Kant arrisca dois paradoxos que intrigaram todos os intérpretes. Primeiro, o paradoxo de alguma coisa que *agrada sem conceito*, ou seja, sem intuitos objetivantes e sem pretensão à verdade. Esse paradoxo se explica pela oposição entre intuito objetivante, portanto conceitualizante, e intuito reflexivo aplicado apenas sobre a interação entre imaginação e entendimento. É esse primeiro paradoxo que se prestará à espécie de transposição para fora do campo estético, tentada por Hannah Arendt. Portanto, cabe reter essa idéia de livre interação cujos dois pólos são, por um lado, o entendimento, ou seja, uma função de ordenação, e, por outro, a imaginação, ou seja, uma função de invenção, de criatividade, de fantasia.

O segundo paradoxo por meio do qual Kant ressalta a estranheza do prazer presente no juízo de gosto é a idéia de *finalidade sem fim*, enunciada com o título "terceiro momento" da "Analítica do belo" (§ X). Finalidade quer dizer aqui composição interna, tal como as partes se ajustam entre si e com o todo; é a finalidade que se encontra alhures, na organização dos seres animados, da qual trata a segunda parte da *Critique de la faculté de juger*. Mas é uma "finalidade sem fim", no sentido de que não é desejada, projetada, como ocorre com a relação entre meios e fins nas técnicas constitutivas da *práxis* humana. Uma bela flor apresenta essa composição harmoniosa sem remeter a uma atividade intencional.

b) Em segundo lugar, é inesperado que o juízo de gosto pretenda à universalidade. Acaso não é incansavelmente discutido? Solução: o gosto é passível de uma forma originalíssima de universalidade, a saber, a *comunicabilidade*. O gosto é um sentido compartilhado. O que se compartilha é precisamente a reflexão sobre a livre interação entre as faculdades representativas. O gosto, portanto, é universalizável de modo diferente das representações objetivas ou das máximas práticas do livre-arbítrio. A equação entre universalidade e comunicabilidade, assim, não tem precedente nas outras duas *Critiques*. Cabe dimensionar o paradoxo de tal comunicabilidade: é um verdadeiro paradoxo, no sentido de que nada parece mais incomunicável que um prazer puro. Mas, uma vez que o prazer é sentido na contemplação da finalidade íntima, ou seja, nas relações de conveniência instituídas pela livre interação entre as faculdades, esse prazer é, de direito, passível de compartilhamento por todos; e isso, idealmente. Considerar uma coisa bela é admitir que essa coisa "deve conter um princípio de satisfação para todos" (título do § 6: "O belo é o que é representado sem conceito como objeto de uma satisfação universal"). Desvincular universalidade de objetividade, associá-la àquilo que agrada sem conceito e – mais ainda – àquilo que apresenta a forma da finalidade sem dever ser tratado como o meio de um fim projetado e desejado, isso constitui um avanço de extrema audácia na questão da universalidade, visto que a comunicabilidade não resulta de uma universalidade prévia. É esse paradoxo da comunicabilidade, instauradora de universalidade, que somos tentados a encontrar em outros domínios diferentes da estética (em especial no domínio político, mas também no histórico ou, eventualmente, jurídico).

Na "Analítica do belo", Kant apenas explorou as implicações mais facilmente apreensíveis: assim a exemplaridade do belo que incita a um "seguir" (*Nachfulge*) que não seja uma imitação (*Nachahrnung*), sob pena de deixar de ser um juízo, ou seja, um discernimento crítico. Tal distinção entre seguir e imitar abre caminho para amplas considerações sobre a dialética entre tradição e inovação.

O fato de Kant ter aí tomado como base o conhecido *topos* do "senso comum" não deve desnortear-nos: pois todo o seu esforço consiste em distinguir esse senso comum de um consenso empírico (que seria precisamente o efeito sociológico da imitação servil). O "quarto momento" da "Analítica do belo", dedicado à "modalidade" do juízo de gosto, versa precisamente sobre a espécie de necessidade que se vincula a essa universal comunicabilidade do sentimento do belo (encontra-se em Gadamer, na primeira parte de *Vérité et méthode*, uma longa análise da tradição do "senso comum", tão sujeita a mal-entendidos e contra-sensos, mas também tão difícil de pensar em termos justos, por exemplo, no vocabulário da exemplaridade, em que historicidade e perenidade se cruzam).

c) Não dissemos nada aqui sobre a "Analítica do sublime", que Kant acrescentou à sua analítica do belo. Ao invés de enfraquecer os paradoxos daquilo que agrada sem conceito e da finalidade sem fim, o sublime os exalta. Kant quis explicar aí dois funcionamentos diferentes da interação entre imaginação e entendimento: uma interação harmoniosa proporcionada, apaziguadora, e uma interação discordante, desproporcionada, cujo excesso suscita um excedente de pensamento. Essa dialética do imaginário judicatório também terá paralelos fora da estética. Ao distender até um ponto vizinho da ruptura a livre interação entre imaginação e entendimento, digamos entre fantasia e ordem, o sublime abre o espaço no qual poderão inserir-se alguns dos procedimentos que contribuem para a construção do juízo reflexivo em outros campos, que não o estético. O sublime, por sua vez, pode apresentar duas formas: no sublime "matemático", nossa imaginação é excedida, ultrapassada, engolida pelo que é "grande absolutamente", ou seja, fora de comparação; a faculdade de julgar aprecia então sem medir o que é propriamente *desmedido*. O trabalho da imaginação, malogrando em igualar-se por um progresso ao infinito à grandeza desconcertante do sublime, encontrará equivalentes notáveis em outros registros que não o estético, em especial no sublime negativo dos acontecimentos monstruosos da história. Quanto ao sublime "dinâmico", procede da inadequação entre nossas forças e as de uma natureza que nos esmagaria, se não estivéssemos protegidos contra seus golpes; esse descomedimento também terá paralelos fora da estética. É verdade que não foi por essas possibilidades de extrapolação que Kant se interessou, mas sim pela abertura da "Estética para a ética", propiciada pelo sublime: é nossa superioridade como seres morais que o sublime estético contribui para manifestar. Não seguiremos Kant nesse caminho pelo qual a estética aponta em direção à ética. Nossa atenção se prenderá, antes, ao trabalho de uma imaginação que convida a "pensar mais".

d) Não seria possível restringir a crítica do juízo estético à "Analítica do belo", ainda que aumentada pela analítica do "sublime". É preciso levar em conta a "Dialética do gênio e do gosto", que culmina no parágrafo 48. Até aqui foi possível falar do belo sem especificar se o juízo de gosto versa sobre um produto da natureza (essa rosa é bela) ou uma obra criada por um artista humano. Kant fez questão de retardar o momento do "fazer", para não possibilitar a interferência da finalidade externa na finalidade sem fim do belo como tal. Por isso, o primado da natureza é reafirmado no próprio cerne da investigação das Belas-Artes. O parágrafo 45 enuncia:

> As Belas-Artes só são arte porque têm a aparência da natureza.

Realmente, é preciso que a finalidade visível nos produtos das Belas-Artes não pareça intencional, ainda que o seja: o que se diz a esse respeito é, à primeira vista, surpreendente. A beleza artística é uma segunda vez subordinada à beleza natural pela tese segundo a qual o gênio do qual a obra de arte procede é um dom da natureza. Diz-se:

> O *gênio* é o talento (dom natural) que permite conferir regras à arte (§ 46).

Nada impede que gênio e gosto se oponham, criando assim um limite a essa preocupação de subordinar a arte à natureza. Kant vai o mais longe possível nessa oposição: assim como o gosto reflete retrospectivamente, o gênio inventa sem regras, de alguma maneira antecipadamente a si mesmo. A função criadora, fonte de originalidade, opõe-se à função discriminante do gosto. E, se as grandes obras são exemplares, sua exemplaridade, mais ainda que a exemplaridade da natureza, é exatamente o contrário da imitação servil e repetitiva. É aí que ganha todo sentido a oposição entre "seguir" e "imitar". Portanto, cabe ressaltá-lo:

> Para *julgar* objetos belos como que tais, é necessário gosto; mas para as Belas-Artes, ou seja, para *produzir* tais objetos, é preciso gênio (§ 48).

Por acaso à custa do gosto? Até certo ponto:

> O gosto é apenas uma faculdade de julgar, e não uma capacidade de criar (§ 48).

Kant, ao que parece a duras penas, cria um empate entre gênio e gosto:

> O gosto, assim como a faculdade de julgar em geral, é a disciplina (ou o treino) do gênio, apara-lhe severamente as asas, civiliza-o e burila-o; mas, ao mesmo tempo, o guia, indicando-lhe aquilo a que ele deve aplicar-se e até onde deve estender-se para continuar em conformidade com um fim; e, uma vez que o gosto confere ordem e clareza ao extravasamento dos pensamentos, propicia-lhes bases e torna-os capazes de suscitar assentimento duradouro, mas também uni-

versal, torna-os dignos da posteridade e de uma cultura sempre em progresso (§ 50).

Essa competição entre gosto e gênio será para nós da maior importância quando a transpusermos para o plano do juízo político. Nas mãos de Hannah Arendt, ela se tornará competição entre espectador cosmopolítico e agente da história. Questão semelhante à formulada pelo confronto entre gosto e gênio surgirá assim no campo político. Porventura a última palavra caberá ao espectador desinteressado de grandes acontecimentos que, no entanto, só se inserem na história graças a uma exemplaridade comparável à do gênio?

Do juízo estético ao juízo político: Hannah Arendt

A tentativa de Hannah Arendt em *Julgar* – cujo caráter inacabado não deverá ser perdido de vista, repetimos – é entendida primeiramente como uma aposta, a saber, aposta de que, afinal, é mais frutífero tentar depreender da teoria do juízo de gosto uma concepção do juízo político, do que ligar essa concepção à teoria do juízo teleológico *por meio de* uma filosofia da história. É uma grande aposta, porque os elos entre filosofia da história e juízo teleológico são mais imediatamente perceptíveis na obra kantiana, no mínimo porque Kant escreveu sua filosofia da história, ao passo que a filosofia política que Hannah Arendt atribui a Kant é em grande parte reconstruída, se é que não permanece incoativa e até virtual.

O interesse que se continua a atribuir a um texto como *Idée d'une histoire universelle au point de vue cosmopolitique* (1784[3]) reside precisamente no fato de que, por mais marca-

---

3. *Idée d'une histoire universelle au point de vue cosmopolitique*, AK, VIII, 15 ss., Paris, Gallimard, col."Bibliothèque de la Pléiade", II, pp. 187 ss. [Trad. bras. *Idéia de uma história universal de um ponto de vista cosmopolita*, São Paulo, Martins Fontes, 2.ª ed., 2004.]

da pela teleologia natural que esteja, essa filosofia da história visa precisamente à instauração de uma filosofia política. É verdade que essa filosofia política não é uma filosofia do juízo político: ela se limita a articular a *tarefa* política atribuída à espécie humana em torno da finalidade natural, ou seja, em torno das disposições inatas dessa espécie. A própria expressão "ponto de vista cosmopolítico" exprime a singularidade desse eixo. As nove proposições do ensaio têm em vista estabelecer, grau por grau, as condições de possibilidade da transição entre teleologia natural e cidadania mundial: de *kósmos* a *pólis*, poder-se-ia dizer. O ponto decisivo do ensaio encontra-se nas proposições V, VI e VII, nas quais se afirma que, através da "insociável sociabilidade" que rege as relações de uma humanidade não esclarecida, a natureza exerce sua pressão sobre a espécie humana que, por outro lado, ela deixa inteiramente desmuniciada. Nessas teses que desenvolvem a dimensão propriamente política do ensaio, a constituição de uma sociedade civil "que administre o direito de modo universal" não é apresentada como uma dádiva da natureza, mas como uma tarefa, mais precisamente um "problema" por resolver. A natureza não propõe solução, mas impõe ao mesmo tempo um problema e o impulso para resolvê-lo. Compreende-se então que esse problema seja declarado "o mais difícil"; é também "aquele que a espécie humana resolverá por último" (Sexta proposição). Assim, é realmente a natureza que "dispõe" para a ordem cosmopolítica; mas cabe aos homens a tarefa de levar a bom termo essa empresa.

Na minha opinião, o esboço de filosofia do juízo político proposto por Hannah Arendt no prolongamento do juízo estético não poderia ser dissociado da filosofia explícita da história, cujos principais momentos acabamos de lembrar; por três razões. Em primeiro lugar, o ensaio de 1784 pode já ser vantajosamente colocado sob o signo do juízo reflexivo, apesar da anterioridade de quase dez anos do ensaio sobre a *Critique de la faculté de juger*. O conceito de "constituição civil perfeita", ao qual é dedicada a Sétima proposição do ensaio, por acaso não está projetado como uma Idéia *sob* a qual podem ser subsumidos os sinais empíricos de um desenvolvimento promissor da espécie humana? Nesse sentido, a Nona proposição é muito esclarecedora:

> É sem dúvida um projeto estranho e, aparentemente, absurdo querer compor uma *história* segundo uma Idéia do curso que o mundo deveria seguir se estivesse ajustado a certos objetivos razoáveis; parece que com tal intenção só se chegará a um *romance*.

E por que não um romance? É na série de respostas de Kant a essa desconfiança que percebo aquilo que proponho chamar de marca em negativo de um juízo reflexivo não ainda tematizado. Primeira razão:

> Contudo, se nos for permitido admitir que a natureza, mesmo no jogo da liberdade humana, não procede sem plano nem desígnio final, essa Idéia poderá perfeitamente vir a ser utilizável. E, embora tenhamos visão excessivamente curta para penetrar o mecanismo secreto de sua organização, essa Idéia poderia servir-nos de fio condutor para apresentar, pelo menos no conjunto, como um *sistema,* aquilo que sem isso não passaria de *agregado* de ações humanas desprovido de plano.

A Idéia, servindo de fio condutor à passagem do agregado ao sistema, por acaso não é da natureza do juízo reflexivo? Nem sonho fantástico, nem imperativo transcendental, mas Idéia diretiva. Donde minha sugestão: o *juízo político* que Hannah Arendt isola não seria então a única extrapolação possível da teoria crítica do juízo reflexivo. Segunda razão: a Idéia que serve de fio condutor para o ponto de vista cosmopolítico sobre a história só tem por garantia os sinais, os sintomas, os indícios que alimentam

> a esperança de que, após muitas revoluções ocorridas nessa transformação, um dia finalmente se estabelecerá aquilo que a natureza tem como desígnio supremo estabelecer, a saber, uma *situação cosmopolítica* universal... (Oitava proposição).

Ora, não será a mesma constelação de sinais positivos que o juízo político vai recolher, segundo a análise que Hannah Arendt fará a respeito? Por fim, última razão: a nota de esperança com que termina o ensaio de 1784, não só não é estranha àquilo que será chamado de juízo político, como também lhe é consubstancial, uma vez que, como veremos, o juízo político não pode ser contido na retrospecção, mas comporta uma dimensão prospectiva e até "profética".

Se, numa tentativa de reconstruir uma filosofia do juízo político, Hannah Arendt acreditou poder deixar de lado a filosofia da história, foi porque esta tem como sujeito não os cidadãos tomados individualmente, mas a espécie humana tomada como um todo, tal como afirma a Primeira proposição do ensaio de 1784. Outra razão: embora fosse possível considerar que a filosofia da história de Kant foi eclipsada pelas de Vico, Hegel ou Marx, sua presumida filosofia do juízo político não estaria ameaçada de semelhante menoscabo. Aliás, ela prometeria uma filosofia crítica, e não especulativa, da história, filosofia que convidaria a um olhar para histórias fragmentárias estreitamente ligadas ao juízo político. Nesse sentido, Hannah Arendt pôde, legitimamente, levantar a suspeita de que uma filosofia da história, dependente de uma filosofia da natureza e deliberadamente orientada para o futuro da espécie humana, se interponha a um interesse voltado para o âmbito político como tal, ou seja, distinto da simples sociabilidade.

Dito isto, o primeiro tema de uma tal filosofia política seria o da *pluralidade* implicada pelo querer conviver, subjacente à política; ora, essa condição de pluralidade apresenta evidente parentesco com a exigência de *comunicabilidade* implicada pelo juízo de gosto. Não só esse conceito oriundo da terceira *Critique* recebe luzes decisivas de seu emprego no contexto do juízo político, como, em contrapartida, ofereceria meios para uma reinterpretação política do juízo de gosto. Lembramos o paradoxo: como entender que o gosto, sentido mais íntimo que a visão ou a audição, seja considerado eminentemente comunicável na qualidade de discernimento interno ao prazer? Ora, o que garantia a transição entre a íntima subjetividade do gosto e a comunicabilidade que garante a sua universalidade era o senso comum. Pode-se então perguntar se este, senão por essência, pelo menos por destinação, não é uma grandeza política, a saber, ao mesmo tempo condição e efeito da convivência constitutiva de um corpo político. Hannah Arendt chega a distinguir o uso latino do *sensus communis* da noção popular de senso comum como grandeza sociológica dada. É verdade que o *sensus communis* é um senso da comunidade que as pessoas comuns compartilham sem a ajuda dos filósofos. Mas seu estatuto de exigência necessária distingue-o de qualquer dado empírico.

O segundo tema seria o da *particularidade* do juízo político, comparável à do juízo estético ("*Esta* rosa é bela"); assim entendido, o juízo político não visaria eliminar, mas justificar, a particularidade dos acontecimentos históricos. Mas essa particularidade não é uma particularidade qualquer; é exemplar. Essa característica – *exemplaridade do particular* – é comum ao juízo de gosto e ao juízo histórico. Nisso reside a justificação do conceito de *sensus communis* que acabamos de mencionar: o que o *sensus communis* distingue e reconhece é a exemplaridade do particular. Nesse aspecto, a aproximação entre a exemplaridade dos grandes acontecimentos que nos dão ou nos devolvem a esperança e a exemplaridade das coisas ou das obras belas ofereceriam um novo ponto de apoio para uma filosofia do juízo político mais liberta da tutela da finalidade natural. É à luz desse tema da exemplaridade que pode ser reconhecido o valor indicativo e sintomático de acontecimentos como a Revolução Francesa.

Em terceiro lugar, seria preciso destacar o primado do ponto de vista retrospectivo do *espectador* sobre o ponto de vista prospectivo dos *atores* da história. Reencontraríamos assim a oposição no plano estético entre gosto e gênio, entre o discernimento de um e a criatividade do outro. É para tal espectador que o significado de certos acontecimentos notáveis do passado assume o valor de germe de esperança, em contraposição à melancolia que um sentimento não reflexivo alimentaria. Nesse sentido, chegamos à solução da aparente contradição que identificamos entre várias avaliações da Revolução Francesa feitas por Kant. Assim, no *Conflit de faculté*[4] (2.ª seção, § 5), Kant escreve:

> Na espécie humana, deve sobrevir alguma experiência que, na qualidade de acontecimento, indique nessa espécie uma disposição e uma aptidão a ser causa do progresso para o melhor e (como esse deve ser o ato de um ser dotado de liberdade) a ser o seu *artífice*; mas pode-se prever que um acontecimento é efeito de uma causa dada quando ocorrem as circunstâncias que para ele colaboram.

Mas importante é que o acontecimento ganha sentido na retrospecção, e para um espectador não participante da produção do acontecimento – no caso, a Revolução Francesa:

> É apenas a maneira de pensar dos espectadores que se traduz *publicamente* nesse jogo das grandes revoluções; e, apesar do perigo dos sérios inconvenientes que tal parcialidade poderia granjear-lhes, eles manifestam um interesse universal, porém desinteressado, pelos atores de um partido contra os do outro, demonstrando assim (devido à universalidade) um caráter da humanidade em geral e também (devido ao desinteresse) um caráter moral dessa humanidade, pelo menos em seu fundo, caráter que não só possibilita esperar o progresso para o melhor, como também constitui tal progresso, uma vez que ele pode ser atualmente atingido.

Apesar do Terror, essa revolução

> encontra no espírito de todos os espectadores (que não participam diretamente daquele jogo) uma *simpatia* de aspirações que chega às raias do entusiasmo, cuja manifestação ex-

---

4. I. Kant, *Le Conflit des facultés, en trois sections* (1798), trad. Gibelin, Paris, Vrin, 1935.

poria ao perigo, o que, por conseguinte, não devia ter outra causa além de uma disposição moral do gênero humano.

Como se pode ver, esse texto de 1798 não dissocia o juízo político do ponto de vista cosmopolítico do ensaio de 1784.

Assim: desinteresse, retrospecção e comunicabilidade constituem características que andam de braços dados. Se essas características do juízo de gosto podem ser estendidas de modo convincente da estética para a política, é porque se vinculam ao juízo reflexivo em todas as suas aplicações possíveis: no entanto, no plano do juízo de gosto, o uso público do pensamento crítico exprime o Julgar segundo sua maior generalidade: o parágrafo 40 da *Critique de la faculté de juger* fala de "comunicabilidade geral (ou universal)". E essa comunicabilidade está expressamente ligada a uma "operação da reflexão" (*ibid.*).

Todas essas características se resumem na bela expressão "modo de pensamento ampliado" proposto no parágrafo 40 da *Critique de la faculté de juger*. Essa ampliação projeta o olhar crítico para além da proximidade sociológica e o volta para outros juízos possíveis, visto que a imaginação convida a "pôr-se no lugar de qualquer outro". Imaginar não é apenas representar uma coisa ausente, mas também pôr-se no lugar de outro ser humano, próximo ou distante.

Pode-se acompanhar Hannah Arendt em sua tentativa de aproximar da comunicabilidade do juízo estético a "simpatia de inspiração" que um acontecimento político importante pode despertar nos "espíritos de todos os espectadores", segundo expressão mencionada acima. Será suficiente a preocupação de quem esteja mais distante dos perigos de uma estetização do político; mas cabe fazer justiça ao feliz achado graças ao qual a Estética volta a ser alçada ao ponto de vista político e – por que não dizer? – ao ponto de vista cosmopolítico; uma vez que o cidadão do mundo kantiano, como diz Hannah Arendt, é de fato um *Weltbetrachter*, um espectador do mundo, é o olhar desvinculado do espectador que reabre o caminho da esperança para as testemunhas desoladas dos horrores da história.

No entanto, é possível opor duas séries de ressalvas a essa reconstrução notável. A primeira versa sobre a disjunção excessiva feita entre a orientação prospectiva do juízo teleológico próprio a um texto como *Idée d'une histoire universelle au point de vue cosmopolitique* e o juízo retrospectivo do espectador no plano estético e político. A exemplaridade atribuída às obras de arte como aos grandes acontecimentos não constituiria penhor de esperança se a exemplaridade não servisse de apoio, quando não de prova, à esperança. Como o olhar para o passado se transformaria em expectação voltada para o futuro sem alguma teleologia subjacente? A esperança aparece em Kant como uma ponte lançada entre o olhar da testemunha e a expectativa do profeta. Lembremos a última frase da Oitava proposição da *Idée d'une histoire universelle...* que fala da

> esperança [...] que conseguirá finalmente um dia estabelecer-se [...] uma situação *cosmopolítica* universal.

Esse elo entre retrospecção e esperança está enunciado em termos mais ou menos idênticos no texto mencionado acima, *Conflit des facultés*. Trata-se realmente de "história profética do gênero humano" ainda em 1798:

> Na espécie humana, deve sobrevir alguma experiência que, na qualidade de acontecimento, indique nessa espécie uma disposição e uma aptidão a ser causa do progresso para o melhor...

O conceito de *disposição* continua estabelecendo a junção entre ponto de vista teleológico e ponto de vista cosmopolítico; através dele, o juízo teleológico e o juízo estético unem seus paradigmas no projeto de uma filosofia política que se declara não escrita. Sem essa conjunção, por acaso Kant poderia dizer do acontecimento da Revolução Francesa:

Tal fenômeno na história da humanidade *não se esquece mais*[5] [...]?

Esse parágrafo 7 é precisamente intitulado "História profética da humanidade": os sinais, retrospectivos para o juízo reflexivo, são prospectivos em relação às projeções autorizadas pela "disposição" com que a natureza muniu o homem na qualidade de ser destinado ao estado cosmopolítico. Essas observações atenuam, mas não anulam, o paradoxo da distância entre o ponto de vista do espectador e o ponto de vista do moralista da ação que pode dizer-se anti-revolucionário. Nada, porém, diz que o juízo do espectador condena irremediavelmente a iniciativa prática do revolucionário: assim como o gosto nada teria para julgar sem o gênio criador, o espectador da Revolução nada teria para admirar sem a audácia do revolucionário.

Somente Hegel pretenderá resolver esse paradoxo no famoso trecho que conclui o capítulo VI da *Phénoménologie de l'esprit,* dedicado ao "perdão" mútuo entre o homem de ação e a bela alma. Parece que, se for possível perceber uma ponte em Kant entre os dois pontos de vista, ela deverá ser buscada no papel atribuído à *opinião letrada,* único público político competente para Kant, na qualidade de sujeito ao mesmo tempo do juízo retrospectivo feito sobre a história passada e da esperança baseada na "disposição" recebida das mãos da natureza. Caso contrário, não se percebe como o entusiasmo do espectador poderia incorporar-se na antecipação, prudente e moderada, de um progresso definitivo da humanidade. Somente a opinião letrada é capaz de unir, na percepção de tais acontecimentos, o significado que se pode atribuir ao juízo reflexivo *e* o valor de sinal, sintoma, do qual se apodera a esperança, ao transformar a retrospecção em expectativa.

Uma segunda linha crítica seria a seguinte: o lugar exigido para os cidadãos ativos e prospectivos, num texto como

---

5. *Le conflit des facultés,* 2.ª seção, § 7.

o *Projet de la paix perpétuelle* (1795), não será mais bem definido pela *Doctrine du droit* (1796) do que por uma extrapolação do juízo de gosto? O *Projeto* dá ensejo a uma reflexão sobre a guerra paralela à que se acaba de travar em torno da Revolução. A guerra também recebe duas interpretações diferentes: para o espectador e para o ator. É para o primeiro que ela é portadora de sentido, ao passo que é absolutamente condenável num *projeto* que só possa dirigir-se a atores da história em curso. Na qualidade de ardil da natureza, a guerra só é acessível e, parece, tolerável ao olhar do espectador. Em contrapartida, como empresa submetida ao juízo moral, ela é intolerável e absolutamente condenável. No *Projet de la paix perpétuelle*, a guerra é o que não deve ser:

> Não deve haver guerra alguma. Nenhum Estado deve [*soll*] imiscuir-se à força na Constituição e no governo de outro Estado.[6]

O que está aí na seqüência do "desígnio final" da natureza, a saber, a instauração de um todo cosmopolítico, é uma obrigação propriamente jurídica, e os acontecimentos celebrados pelo juízo político situam-se na articulação desse desígnio da natureza com esse veto da razão prática.

Portanto, não se poderia hipostasiar o juízo do espectador, mesmo que lhe seja dado abarcar a cena na íntegra, como o faz, afinal, a filosofia da história universal. Só se pode sugerir que a reflexão, apesar de incidir sobre acontecimentos passados, revele sua própria dimensão prospectiva graças mesmo ao distanciamento crítico. Então, seria preciso não ligar de modo unívoco reflexão e retrospecção. Caso contrário, de que modo acontecimentos passados se mostrariam prenhes de promessas, logo, prenhes de futuro?

A meu ver, é na *Doctrine du droit,* tratada com demasiada severidade por Hannah Arendt, que se encontrariam sugestões fecundas sobre o elo entre retrospecção e prospec-

---

6. *Projet de la paix perpétuelle.* I seção, § 5.

ção, uma vez que a *Doctrine du droit* se situa na articulação entre o ponto de vista da cidadania e o ponto de vista cosmopolítico, pertencendo a uma filosofia da história. Isso em virtude do poder projetivo de suas exigências referentes ao Estado de direito e à paz entre os Estados. A filosofia do direito deveria, assim, ser colocada em posição de intermediário entre as "disposições" pertinentes à finalidade natural e a exigência *moral* de um Estado de direito no seio das cidades e entre as cidades. Não se poderia descarregar todo esse peso apenas sobre o juízo reflexivo.

O que talvez deva ser considerado a favor da interpretação de Hannah Arendt é que o juízo reflexivo impede a filosofia kantiana da história de encaminhar-se para uma filosofia de tipo hegeliano, na qual o Espírito sucederia a natureza, e o ardil da razão substituiria o ardil da natureza. Aquém desse passo decisivo, em que o próprio Espírito ocupa o lugar da espécie humana na posição de sujeito da história, o cidadão do mundo – como disse Hannah Arendt – permanece como espectador do mundo, e o juízo reflexivo não se reconcilia com a regra da razão prática – pelo menos enquanto se negligenciar a mediação da *Doctrine du droit.* Único indício de reconciliação para uma filosofia *crítica*: a exemplaridade que dá uma ponta de futuridade à comunicabilidade e, por esse meio, uma dimensão "profética" ao próprio juízo reflexivo.

Interpretação e/ou argumentação

Este estudo teve origem numa conferência apresentada durante um seminário da École nationale de la magistrature, com o título aparentemente unívoco de interpretação. Ora, o que aqui propomos, com um título duplo, é uma análise na qual a interpretação forma um par com uma operação supostamente rival, a saber, a argumentação. O que pode justificar essa polarização cujo primeiro efeito é complicar o jogo, no momento em que filósofos e juristas, moralistas e magistrados tentam elaborar uma concepção unificada do debate – fase do processo que, como mostramos acima, se desenvolve entre o momento de incerteza característico da abertura do processo e o momento do pronunciamento da sentença, quando se põe fim a essa incerteza inicial com uma palavra que profere o direito. Portanto, o que está em jogo aqui é a coerência epistemológica do debate, no sentido judiciário do termo. Previamente, cumpre saber se, ao lado do sentido lato dado neste seminário à noção de interpretação, considerada sinônima da noção de aplicação (aplicação da norma jurídica a um caso litigioso), se pode atribuir a essa noção uma acepção mais restrita que justifique o fato de lhe ser contraposta, numa primeira abordagem pelo menos, a noção de argumentação. Questão pertinente, uma vez que o debate foi caracterizado, entre outras coisas, como luta verbal isenta de violência e, mais precisamente, como assalto de argumentos, com o que se ressalta o tom agonístico bem conhecido do debate nas dependências de um tribunal de justiça. A principal questão é então saber se precisamos ater-nos a uma concepção puramente antinômica da polaridade interpretação/argumentação ou se, como acredito, devemos tentar elaborar uma versão propriamente dialética dessa polaridade.

A bem da verdade, a situação presente da discussão não parece, à primeira vista, orientada para tal tratamento dialético. Nossas leituras nos levaram a encontrar, de um lado, um autor como Ronald Dworkin[1], que coloca toda a segunda parte de sua obra *A Matter of Principle* sob o título "Law as Interpretation", sem que, aparentemente, se dê espaço a uma eventual confrontação entre interpretação e argumentação. Deparamos, por outro lado, com teóricos da argumentação jurídica, como Robert Alexy[2], em *Theorie der juristischen Argumentation*, e Manuel Atienza[3], em *Teoría de la Argumentación jurídica*, para os quais a argumentação jurídica deve ser considerada, sim, uma província distinta de uma teoria geral da argumentação prática, mas a ela subordinada, não sendo a interpretação nunca reconhecida como componente original do discurso *(Diskurs)* jurídico.

Apesar dessa situação de fato, que teremos tempo de expor, acreditei poder extrair argumentos das insuficiências internas de cada uma das posições consideradas para defender a tese de que uma hermenêutica jurídica centrada na temática do debate requer uma concepção dialética das relações entre interpretação e argumentação. Fui incentivado nessa empreitada pela analogia que me pareceu existir, no plano epistemológico, entre o par interpretar/argumentar, no plano jurídico, e o par compreender/explicar, cuja estrutura dialética mostrei, tratando-se de teoria do texto, de teoria da ação ou de teoria da história.

---

1. Ronald Dworkin, *A Matter of Principle*, part two: "Law as Interpretation", Oxford University Press, 1985. [Trad. bras. *Uma questão de princípio*, São Paulo, Martins Fontes, 2ª ed., 2005.]

2. Robert Alexy, *Theorie des juristischen Argumentation*, Suhrkamp, 1978. Trad. ingl. *A Theory of Legal Argumentation*, Oxford, Clarendon Press, 1989.

3. Manuel Atienza, *Teoría de la Argumentación jurídica*, Madri, 1989.

Dworkin: da interpretação à argumentação?

Na apresentação das idéias de Dworkin sobre o assunto, enfatizarei a tônica naquilo que gosto de chamar de enquadramento estratégico, dentro do qual se recorre à noção de interpretação, com o objetivo confesso de procurar nos limites inerentes a esse enquadramento as razões da ocultação da problemática da argumentação que, por razões inversas, ocupará toda a cena da teoria da argumentação jurídica de Alexy e Atienza.

É de notar que a questão da interpretação é formulada por Dworkin a partir da discussão muito precisa e até muito sutil do paradoxo que, para a prática jurídica concreta, é constituído pelos *hard cases*, os "casos difíceis". Estamos então diante de uma estratégia cujo ponto de partida está na perplexidade que nasce da ponta da prática efetiva do juiz e, daí, se eleva a considerações gerais referentes à coerência da prática judiciária.

É em meio a esse caminho que o autor de *A Matter of Principle* depara a questão da relação entre direito e interpretação.

A posição privilegiada atribuída aos "casos difíceis" em *A Matter of Principle* não é acidental. Os *hard cases* constituem já um tropeço em *Taking Rights seriously*[4] e no ensaio que mencionaremos adiante: "Is law a system of rules?", que faz parte da obra coletiva *The Philosophy of Law*[5], organizada por Dworkin.

Quando o juiz está diante de um caso considerado difícil? Quando nenhuma das disposições legais extraídas das leis existentes parece constituir a norma sob a qual o referido caso poderia ser situado; seria possível dizer, em linguagem kantiana, que os casos difíceis constituem uma pro-

---
4. Ronald Dworkin, *Taking Rights Seriously*, Harvard University Press, 1977. [Trad. bras. *Levando os direitos a sério*, São Paulo, Martins Fontes, 2ª ed., 2007.]
5. "Is Law a system of rules?", *in* Ronald Dworkin (org.), *The Philosophy of Law*, Oxford University Press, 1977 (6ª impressão em 1991).

va para o juízo reflexivo. Por que então batalhar com a obstinação e a energia demonstradas por Dworkin contra a tese *no answer*? Para pôr em xeque a teoria positivista do direito, alvo permanente de Dworkin. Segundo esta, em termos sucintos, considera-se que as leis são ditadas por alguém, em posição de comando, sendo então identificadas por seu *pedigree*, e a intenção do legislador constitui um corolário desse primeiro axioma; além disso, considera-se que elas regem disposições não equívocas (desponta aí a questão hermenêutica, uma vez que esta é indissociável da equivocidade irredutível dos textos); terceiro axioma: se nenhuma resposta à questão parece contida no direito em vigor, então o julgamento do caso é remetido ao poder discricionário do juiz.

É a refutação dessas três teses mestras que criará a base de uma teoria da interpretação. Em primeiro lugar, o sentido de uma lei não resulta de seu *pedigree*; como se dirá nos termos de uma teoria não intencional do texto literário, o sentido da lei, se é que há algum, deve ser procurado no texto e em suas conexões intertextuais, e não no comando de um legislador, simétrico jurídico da intenção atribuída ao autor de um texto literário. Em segundo lugar, de acordo com teóricos positivistas como Hart, as leis mais explícitas têm uma *open structure*, no sentido de um texto aberto para interpretações construtivas não previstas. Mas é a refutação da terceira tese – a do papel tapa-buraco atribuído ao poder discricionário do juiz – que vai abrir diretamente caminho para uma teoria da interpretação; se a "*discrição*" do juiz é a única réplica para o silêncio da lei, então a alternativa é fatal para toda e qualquer caracterização jurídica da decisão: ou ela é arbitrária, no sentido de estar fora da lei, ou só entra no direito favorecida pela pretensão legislativa de que é revestida; somente a capacidade de criar precedente preserva a qualificação jurídica da decisão oriunda do poder discricionário.

Donde o problema que se apresenta na forma como Dworkin o vê: como justificar a idéia de que sempre há uma resposta válida, sem incidir na arbitrariedade ou na pretensão do juiz de se apresentar como legislador?

É nesse instante crítico que a teoria jurídica encontra o modelo do texto literário e o submodelo do texto narrativo, que, nas mãos de Dworkin, passará a ser o paradigma do texto literário.

Fiquemos por um momento no plano de uma teoria geral do texto literário: a disjunção realizada em crítica literária entre o significado imanente ao texto e a intenção do autor encontra paralelo em teoria jurídica na disjunção realizada entre o sentido da lei e a instância de decisão que o positivismo jurídico situa na fonte do direito. A empreitada literária assume caráter canônico para a teoria jurídica a partir do momento em que a interpretação se apóia naquilo que o texto permite, do modo como ele se oferece à cadeia de leitores. Aquilo que chamei relutantemente de indecisão ou vagueza do texto literário já não se mostra como fraqueza, mas como força, para aquilo que se pode chamar simetricamente de "empreitada judiciária".

É então que o modelo narrativo ganha especial relevo, uma vez que a interpretação recorre de modo visível, na reconstrução do sentido do texto, a relações de conveniência, justeza ou ajuste entre a interpretação proposta de um trecho difícil e a interpretação do conjunto da obra. Reconhece-se nesse "*fit*" o famoso princípio hermenêutico da interpretação recíproca entre a parte e o todo.

Veremos em breve de que ponto de vista a empreitada jurídica se presta mais a ser considerada como obra formadora de um todo. Mas digamos desde já que a apreciação de uma relação de conveniência, justeza ou ajuste escapa à alternativa entre demonstrabilidade e arbitrariedade. Estamos num plano em que a controvérsia certamente é possível, mas um crítico pode alegar que uma interpretação é melhor, mais provável, mais plausível e mais aceitável que outra (todos esses termos exigem especificação). Fica claro agora que a tese *no answer* era, sem que se soubesse, solidária da tese da demonstrabilidade, ou seja, como diz Dworkin, de um julgamento sustentado por argumentos cuja verdade se impusesse a qualquer um que compreendesse a língua na qual a proposição jurídica fosse enunciada. Talvez seja nesse ponto que Dworkin, ofuscado pela tese rival da demonstrabilidade, deixa passar o momento no qual a interpretação deveria recorrer a uma teoria da argumentação que, por sua vez, escape da alternativa entre demonstrável ou arbitrário. Pode-se atribuir essa falha no raciocínio à preocupação talvez excessiva vinculada à refutação da tese *no answer* que acaba por instituir um elo rígido demais entre a solução dos casos difíceis e a tese da demonstrabilidade das proposições jurídicas.

Mas levemos mais longe a exploração do modelo literário em sua forma mais precisamente narrativa. Em que contexto é preciso colocar-se para ver a busca do "*fit*" interpretativo confirmada por aquilo que Dworkin chama de "fatos de coerência narrativa"? É preciso sair do caso isolado e tópico de um julgamento determinado e colocar-se na perspectiva de uma história da "empreitada judiciária", portanto levar em conta a dimensão temporal dessa empreitada. É nessa ocasião que Dworkin recorre à fábula de uma cadeia de narradores, em que cada um acrescenta seu capítulo à redação de uma história, cujo sentido global nenhum narrador determina sozinho e cada um precisa presumir, se adotar como regra a busca da coerência máxima. Essa antevisão da coerência narrativa, conjugada com a compreensão dos capítulos anteriores de uma história que cada narrador já encontra começada, dá duas garantias à busca do "*fit*": a dos precedentes e a da intenção presumida do conjunto jurídico em vias de elaboração. Em outras palavras, por um lado o já julgado; por outro, o perfil antevisto da empreitada jurídica considerada em sua historicidade. É assim que o modelo do texto – mais particularmente do texto narrativo – fornece uma alternativa aceitável à resposta *no answer* dada aos *hard cases* e, automaticamente, à concepção positivista do direito.

Infelizmente, Dworkin não aproveitou a oportunidade de coordenar sua noção geral de "*fit*" e, mais precisamente, a versão narrativista desse "*fit*" com uma teoria da argumentação que pudesse perfeitamente ser assumida a título mesmo de critério de coerência, seja esta redutível ou não à coerência narrativa. Os sinônimos propostos: integralidade e identidade não acrescentam nenhuma precisão particular à noção demasiadamente indeterminada de coerência. No máximo recorre-se a conceitos encontrados em T. Toulmin[6] tais como "peso" (*weight*), "importância" (*relevance*), "garantia" (*warrant*), "refutação" (*rebuttal*) etc., conceitos estes pertinentes a uma teoria ainda incoativa da argumentação, como dirão Alexy e Atienza.

Pode-se então perguntar por que Dworkin não explorou uma teoria mais refinada da argumentação. Certamente não é por falta de sutileza, pois se trata de temível polemista; mas por razões mais profundas que são mais bem entendidas quando abordamos a seção "Law and Interpretation" de *Matter of Principle* do ensaio "Is law a system of rules?", extraído de *The Philosophy of Law*. Esse ensaio revela que Dworkin está muito menos interessado na formalidade dos argumentos do que em sua substância e – cabe dizer desde já – em sua substância moral e política. A concepção de direito proposta por esse notável artigo assenta numa hierarquia entre os diversos componentes normativos do direito. Mais uma vez, é a polêmica com o positivismo de Hart que conduz o jogo. O que se denuncia aí é a cumplicidade entre a rigidez jurídica vinculada à idéia de regra unívoca e o decisionismo que redunda no aumento do poder discricionário do juiz. A univocidade – como se diz com insistência – é uma característica das *regras*. Não convém aos *princípios* que, em última análise, são de natureza ético-jurídico. O direito estabelecido, na qualidade de sistema de regras, não esgota o direito como empreitada política.

De que maneira essa distinção entre *princípios* e *regras* contribui para a teoria hermenêutica do julgamento judiciário? Pelo fato de que em geral são princípios, mais que re-

---

6. T. Toulmin, *The Uses of Argument*, Cambridge University Press, 1958. [Trad. bras. *Os usos do argumento*, São Paulo, Martins Fontes, 2.ª ed., 2006.]

gras, que concorrem para a solução dos casos difíceis. Ora, esses princípios, diferentemente das regras, não são identificáveis por seu *pedigree* (quem os ditou? o costume? o poder? uma legislatura inapreensível? precedentes?), mas por sua força normativa própria. Além disso, diferentemente das regras de segundo grau, tais como as "regras de reconhecimento" de Hart, seu estatuto ético-político exclui a univocidade. Eles precisam ser interpretados a cada vez. E pode-se dizer que cada interpretação "conta a favor" desta ou daquela solução; "pesa" mais ou "pesa" menos, inclina sem impor, para falar como Leibniz. Cabe falar de seu peso, que deve ser avaliado a cada vez; acima de tudo, é preciso sentir o *sense of appropriateness* que se desenvolveu na história da profissão e do público instruído. Por isso, também não é possível proceder a uma enumeração completa das exceções, assim como não é possível fazer um exame integral dos princípios em vigor. O vocabulário de muitas sentenças que abundam em regime de *common law,* tal como insensato, negligente, injusto, significativo, marca o lugar da interpretação até no enunciado da sentença.

Entende-se por que essa concepção flexível e não codificável da interpretação é rebelde ao formalismo de uma teoria da argumentação jurídica. Dworkin está muito mais interessado no horizonte político-ético no qual se destacam os princípios irredutíveis às regras. Assume todos os seus inconvenientes: o caráter interminável da controvérsia, que só pode ser compensada pelo forte consenso de uma sociedade democrática (encontra-se aqui o último Rawls e seu "consenso por intersecção"); a fragilidade de julgamentos dependentes da capacidade de aceitação dos diversos públicos envolvidos (partes de um processo, a profissão jurídica, os juristas doutrinários). Dworkin depara aí, talvez sem tomar consciência disso, com as dificuldades levantadas pela escola da recepção do texto em teoria literária.

Mas eu não gostaria de terminar de falar de Dworkin sem antes ressaltar os méritos de sua concepção. Ao modelo do texto ele deve uma concepção da lei liberta daquilo que ele chama de *pedigree*. Ao modelo da narração – a despeito de certa ingenuidade diante do desenvolvimento contemporâneo das teorias da narratividade – ele deve a consideração da "prática legal" em seu desenrolar histórico, sendo a "história legal" arvorada em contexto interpretativo. Por fim, à distinção entre princípios e regras ele deve uma concepção geral do direito que é inseparável de "uma teoria política substantiva". É esse interesse último e fundamental que, afinal, o afasta de uma teoria formal da argumentação jurídica.

Da argumentação à interpretação?

A estratégia empregada por especialistas da argumentação jurídica, tais como Alexy e Atienza, é muito diferente. O que se faz, essencialmente, é tratá-lo como um caso especial da *discussão prática normativa geral*, portanto de inserir o pequeno círculo da argumentação jurídica no grande círculo da argumentação prática geral. Portanto, é desta que se partirá na qualidade de *Begründung*, ou seja, de justificação ou de fundamentação[7].

Portanto, é a articulação entre os dois níveis que nos importa, uma vez que é nas injunções e nos procedimentos específicos do argumento jurídico que podemos encontrar a ocasião de articular a interpretação na justificação, ainda que os autores só o façam episodicamente (nesse aspecto Atienza dá mais razões do que Alexy a tal tentativa de conciliação, tal como sugere a consideração dos casos que ele chama de trágicos[8]).

---

7. O tradutor inglês escolheu *"justification"*, e o tradutor espanhol, Atienza no caso, *"fundamentación"*.

8. Algumas palavras sobre o vocabulário: em alemão, particularmente no alemão de Habermas e de sua escola, *Diskurs* significa ao mesmo tempo discurso em geral, ou seja, encadeamento de frases, e discurso no sentido de discussão, portanto encadeamento de argumentos (o inglês adotou *discourse*, e o espanhol, *discurso*; em francês, o termo *discours* é de preferência admitido no sentido de discussão baseada em argumentos). É assim que se fala de ética do discurso ou da discussão.

Permaneceremos, portanto, bastante tempo no plano do discurso prático normativo. Os três termos merecem explicação: por *prático,* entende-se todo o campo das interações humanas; este é, mais precisamente, considerado do ponto de vista das normas que o regem e que, na qualidade de normas, têm pretensão à *correção (Richtigkeit, rectitude, correctness, correción),* por meio de uma troca de argumentos cuja lógica não satisfaz a simples lógica formal, mesmo sem ceder à arbitrariedade do decisionismo nem à pretensa intuição das teorias morais intuicionistas, o que já de saída põe o conceito de poder discricionário sob fortes suspeitas. O conceito de *discurso* impõe certo formalismo, que é precisamente o formalismo da argumentação, a tal ponto que os termos discurso e argumentação tendem a sobrepor-se.

A questão, portanto, é saber o que define a pretensão à retidão, à correção. A resposta é encontrada em Habermas e na escola de Erlangen: a correção é a pretensão criada pela inteligibilidade, tão logo ela admita o critério da comunicabilidade universalizável. Um bom argumento é aquele que, idealmente, seja não só entendido, considerado plausível, mas também aceitável por todas as partes envolvidas. Reconhece-se aí a tese habermasiana do acordo potencial no nível de uma comunidade sem limites nem coerções. É nesse horizonte de consenso universal que se situam as regras formais de toda discussão que pretenda à correção. Essas regras, em pequeno número, como se verá, constituem o essencial da *pragmática universal do discurso,* cujo tom normativo deve ser fortemente ressaltado, em contraposição a toda e qualquer redução à argumentação estratégica que rege a negociação, que está submetida a injunções de todos os tipos e tem em vista o sucesso, não a correção.

À objeção – que logo nos ocorre – de que semelhante consenso está fora de alcance, é irrealizável, respondemos precisamente que o caráter contrafactual da idéia de correção legitima seu estatuto transcendental que o assemelha a uma tarefa sem fim. À objeção de que essa fundamentação é, por si só, insuficiente respondemos que é precisamente tarefa da argumentação jurídica completar as regras gerais do discurso normativo num campo particular, o do direito. Por fim, à objeção de que, em virtude exatamente de seu caráter ideal, a teoria da argumentação pode servir de álibi a distorções sistemáticas respondemos que o ideal do acordo potencial encerra em si as condições de uma crítica em regra dos acordos empíricos extorquidos em maior ou menor grau ou oriundos de interesses coligados e, mais geralmente, representativos de um equilíbrio de fato entre poderes em conflito.

Quando se pede a especificação das modalidades dessa pragmática desde já formuláveis, verifica-se que a universalização possível de um argumento é aquilo que constitui a sua correção. Veremos em breve o que isso significa no plano jurídico. Caberá dizer que nos limitamos aqui a repetir Kant? Não – respondem os habermasianos: o princípio de universalidade é aplicado numa situação já dialogal, ao passo que em Kant ele fica confinado ao monólogo interior (o que, noto de passagem, é muito contestável e certamente falso no plano da filosofia kantiana do direito).

Como dissemos acima, as regras da pragmática universal são pouco numerosas. Mas são suficientes para uma ética da discussão. Umas regem a entrada no discurso, digamos a tomada da palavra: todos têm igual direito de intervir, a ninguém é vedada a palavra. Outras regras acompanham a discussão em todo o seu curso: cada um deve aceitar o pedido que lhe façam de apresentar razões e, se possível, o melhor argumento, ou de justificar sua recusa. Essa regra constitui a regra geral de justificação. Outras regras regem a saída da discussão: cada um deve aceitar as conseqüências de uma decisão desde que as necessidades bem fundamentadas de cada um estejam satisfeitas. Cabe notar: esta última regra já está no ponto de articulação entre o formal e o substancial (ou material) em virtude do recurso que se faz às noções de necessidade ou interesse[9]. É aí que algo como

---

9. Existe aí uma situação comparável à encontrada em *Theorie de la justice* de Rawls, quando este último trata dos "bens sociais fundamentais" por distribuir.

uma interpretação se insere na discussão, visto que necessidades ou interesses dependem da compreensão e da apreciação e, para ser compreendidos ou aceitos, precisaram passar pelo primeiro teste da avaliação comungada por comunidades de porte variável[10]. Uma vez que estamos aqui já no plano da comunicabilidade, é em termos de *compreensão compartilhada* que interesses e necessidades têm acesso à discussão regrada. A normatividade formal não fica sem a *normatividade presumida* graças à qual uma posição particular se anuncia como discutível, ou seja, no sentido propriamente dito, como plausível. Esse caráter de discutibilidade está subjacente a idéias como *Offenheit (openness, apertura)*. Por fim, uma decisão tomada num âmbito discursivo limitado está submetida a condições de aceitabilidade no plano daquilo que Perelman[11] chamava de auditório universal. A bem da verdade, há toda uma série de auditórios envolvidos, em se tratando da recepção por outras instâncias discursivas que também estão preocupadas, de modos concretamente diferentes, com a pretensão à correção.

Ao cabo desta rápida menção das regras constitutivas do discurso prático racional geral, pode-se, evidentemente, convir que, em virtude de seu caráter contrafactual, a noção de situação ideal de discurso oferece um horizonte de correção a todo e qualquer discurso no qual os parceiros procurem convencer com argumentos: o ideal não está apenas antevisto, mas já em ação. Mas também é preciso ressaltar que o formal só pode inserir-se no curso de uma discussão se articulado com as expressões já públicas de interesses,

---

10. Encontra-se aí o equivalente da noção kantiana de máxima, que corresponde ao fato de que os desejos empíricos devem revestir-se de certa generalidade, digamos, da generalidade de um plano de ação ou até de um plano de vida, para poderem prestar-se aos critérios de universalização.

11. Chaïm Perelman, *Le Raisonnable et le déraisonnable en droit*, 1984; *Traité de l'argumentation. La nouvelle rhétorique*, 1988 [trad. bras. *Tratado da argumentação. A nova retórica*, São Paulo, Martins Fontes, 2ª ed., 2005]; *Éthique et droit*, 1990. Bruxelas, Édition de l'université de Bruxelles [trad. bras. *Ética e direito*, São Paulo, Martins Fontes, 2ª ed., 2005].

portanto de necessidades marcadas por interpretações prevalecentes sobre sua legitimidade e constitutivas daquilo que se chamou acima de caráter discutível. É nessa ocasião que Alexy introduz, mas sem insistir, a noção de interpretação, quando alude às

> regras que governam a interpretação das necessidades próprias ou alheias como generalizáveis ou não.[12]

Essa confissão não constitui uma concessão fatal ao formalismo da teoria, uma vez que se insiste no fato de que é do interior do discurso que os protagonistas erigem uma pretensão à correção de seu próprio discurso. É então que se tropeça na questão daquilo que é discursivamente possível numa situação histórica dada. Sem isso não se teria sequer como falar da capacidade para problematizar, pressuposta – e exigida – em cada um dos protagonistas da discussão.

Chegou a hora de caracterizar o discurso jurídico como espécie particular do gênero discurso prático geral.

Primeiramente cabe lembrar a diversidade dos lugares nos quais se desenrola o discurso jurídico, antes de falar das injunções que impõem limitações específicas ao discurso jurídico. A instância *judiciária*, que tomarei como instância paradigmática, com suas cortes, tribunais e juízes, é apenas um dos lugares nos quais o discurso jurídico se desenrola: há, acima dela, a instância legislativa, produtora de leis e, a seu lado, a instância dos juristas que se expressam por aquilo que os teóricos de língua alemã chamam dogmática jurídica. Caberia também acrescentar, como faz Perelman, a opinião pública e, em última análise, o auditório universal, a cuja discussão são submetidas as teorias dos juristas, as leis emitidas pelos corpos legislativos e as decisões emitidas pelas instâncias judiciárias. De todas essas instâncias, é a judiciária que está submetida às injunções mais fortes, capazes de criar um fosso entre discurso prático geral e discurso judiciário. É nessas injunções que vamos agora insistir.

---

12. Robert Alexy, *A Theory of Legal Argumentation*, op. cit., p. 133.

Primeiramente, a discussão se desenrola num recinto institucional próprio (tribunais e cortes). Nesse recinto, nem todas as questões estão abertas a debate, mais apenas as que se inserem no contexto codificado do processo. No próprio processo, os papéis são desigualmente distribuídos (o réu não está voluntariamente presente; é intimado). Além disso, a deliberação está submetida a regras processuais também codificadas. Acresce que a deliberação ocorre em tempo limitado, diferentemente da dogmática jurídica e, até certo ponto, das deliberações da instância legislativa. Por fim, a discussão perante a instância judiciária não termina com um acordo e nem sequer visa – pelo menos à primeira vista – ao acordo; julgar consiste em deslindar, portanto, em separar as partes, em instituir – conforme foi destacado alhures – uma justa distância entre elas. Por fim, não se deve perder de vista a obrigação legal de julgar, que pesa sobre o juiz.

Nessas condições injuntivas, o que ocorre com as regras do discurso normativo geral? Alexy e os defensores daquilo que se convencionou chamar teoria *padrão* insistem na filiação, a partir da pretensão à correção comum, a todo discurso normativo, antes de se insistir nas características específicas do discurso jurídico. A tese deles é que a pretensão à correção de um argumento jurídico em nada difere da pretensão de todo e qualquer discurso normativo. A norma geral está implícita. Idealmente, o perdedor e o condenado estão incluídos no reconhecimento dessa pretensão supostamente compartilhada por todas as partes em confronto. Essa pressuposição implícita se expressa em certos sistemas jurídicos pela obrigação de motivar a decisão. Mas, ainda que não seja publicamente motivada, a decisão é pelo menos justificada pelos argumentos empregados. Essa é a razão pela qual um juiz não pode ao mesmo tempo estatuir num caso e declarar que sua sentença é injusta. Essa contradição performativa é tão gritante quanto a contradição do falante que dissesse que o gato está no tapete e que não acredita que esteja[13]. A própria tese vale por um argumento *a contrario:* se a argumentação jurídica não tivesse como horizonte o discurso normativo geral que visasse à correção, nenhum sentido poderia ser dado à idéia de argumentar racionalmente. Portanto, se é preciso impor novas injunções à teoria da discussão normativa, estas devem entrar em composição com as regras formais sem enfraquecerem de modo algum estas últimas.

Dito isto, que lugar pode ser dado à interpretação? O recurso da argumentação à interpretação parece-me impor-se já a partir do plano que Alexy caracteriza como "justificação interna", em contraposição à "justificação externa". A justificação interna diz respeito à coerência lógica entre premissas e conclusão; caracteriza, pois, a argumentação como inferência.

Na minha opinião, o silogismo jurídico não é passível de redução à via direta da subsunção de um caso a uma regra, mas deve, além disso, satisfazer ao reconhecimento do caráter apropriado da aplicação de certa norma a certos casos. Deparamos aqui com algo da regra de conveniência mencionado por Dworkin; a aplicação de uma regra é, na verdade, uma operação muito complexa na qual a interpretação dos fatos e a interpretação da norma se condicionam reciprocamente, antes de chegarem à qualificação por meio da qual se diz que determinado comportamento presumidamente delituoso incide sob determinada norma que se diz ter sido transgredida. Para começar pela interpretação dos fatos, não seria demais insistir na miríade de maneiras como um encadeamento factual pode ser considerado e – digamos – narrado. Seria preciso ampliar aqui a investigação para todo o campo prático que W. Schapp[14] percorre em *Empêtré*

---

13. Propõe-se uma aplicação imediata. No plano penal, nenhum projeto educativo, nenhuma preocupação de ressocialização do condenado seriam justificados e, talvez, eficazes, se o condenado não fosse tratado como um ser racional, capaz, no mínimo, de compreender os argumentos opostos a seu comportamento delituoso.

14. Wilhelm Schapp, *in Geschichten verstrickt,* Wiesbaden, B. Heymann, 1976 e Vittorio Klostermann, 1983. Trad. fr. de J. Greisch, *Empêtré dans des histoires,* Cerf, col. "La nuit surveillée", 1992.

dans l'histoires. Nunca ninguém acabou de desemaranhar com certeza os fios da história pessoal do réu, e tal modo de ler o seu encadeamento já está orientado pela presunção de que tal encadeamento situa o caso considerado sob tal regra. Dizer que "a" é um caso particular de "D" já é decidir que o silogismo jurídico vale para ele. O silogismo é jurídico, e não simplesmente prático, porque a própria subsunção é problemática. Bastará dizer, como fazem os defensores da argumentação, que é preciso acrescentar regras suplementares? Alexy escreve:

> Quando há dúvida sobre se "a" é um "T" ou um "M", deve-se produzir uma regra que resolva a questão.[15]

O argumento é extrair da regra de universalização: se não houver meio de garantir que "a" como "b" como "c" é um caso de "D", então se transgrediria a regra de universalização. Portanto, é preciso avançar por graus de decomposição até encontrar um emprego das expressões da lei cuja aplicação a dado caso não dê mais ensejo à disputa. Mas essa condição, apesar de totalmente formal, pode ser sempre atendida? A subsunção, mesmo por graus decompostos, poderá dispensar uma interpretação conjunta da norma e dos fatos por ajuste recíproco? Pessoalmente, eu diria que a interpretação se tornou o *órganon* da inferência. Para usar termos kantianos, *a interpretação é o caminho seguido pela imaginação produtora na operação do juízo reflexivo*. A pergunta formulada por este é: sob que regra situar tal caso? A universalização então só vale como regra de controle do processo de ajuste recíproco entre a norma interpretada e o fato interpretado. Nesse sentido, a interpretação não é exterior à argumentação: constitui seu *órganon*. Mesmo a idéia de casos semelhantes assenta na interpretação de uma analogia; é assim que se deve sempre interpretar ao mesmo tempo a norma como aquilo que cobre, e o caso, como aquilo que é coberto,

---

15. R. Alexy, *A Theory of Legal Argumentation*, op. cit., p. 226.

para que funcione o silogismo jurídico que, doravante, não difere em nada do silogismo prático geral[16]. Disso concluo que a interpretação está incorporada na justificação desde o nível daquilo que Alexy chama de justificação interna, na qual só está em causa a coerência lógica da inferência.

Seja qual for o papel da interpretação no plano mais formal da inferência jurídica, é no nível daquilo que Alexy chama "justificação externa" – ou seja, justificação das premissas – que o entrecruzamento de argumentação e interpretação me parece indiscutível.

Cabe lembrar de início que a limitação mais fundamental encontrada pela argumentação jurídica decorre do fato de que o juiz não é o legislador, de que ele aplica a lei, ou seja, incorpora a seus argumentos o direito em vigor. É aí que se encontram o caráter vago da linguagem jurídica, os possíveis conflitos entre normas, o silêncio provisório da lei sobre "casos difíceis" (os *hard cases* de Dworkin), a oportunidade e, freqüentemente, a necessidade de escolher entre a letra e o espírito da lei. Ora, é ao aplicá-la que não só se reconhece a norma como coercitiva, mas também se comprova a sua variabilidade, e o jogo descrito acima da dupla interpretação da lei e dos fatos atinge o apogeu[17].

No segundo lugar é preciso colocar as incertezas e os tateios da investigação propriamente empírica. É a oportu-

---

16. Alguns autores, como Engisch e Larenz – citados por R. Alexy, *Theory of Legal Argumentation, op. cit.*, p. 228, nota 44 –, destacam o papel da "descoberta" na operação de justificação e falam, nesse aspecto, de hermenêutica jurídica. Alexy remete esse momento de "descoberta" para a descrição psicológica do processo e o separa da justificação. Mas a argumentação jurídica não terá por característica principal o fato de não separar descoberta e justificação?

17. Certamente se pode isolar aquilo que os autores chamam "argumentos jurídicos especiais", tais como analogia, argumento *a contrario*, argumento *a fortiori*, argumento pelo absurdo etc. Mas, embora atuem na fronteira entre o formal e o substancial, nada têm de específico ao direito; são encontrados em outros domínios de discurso. Tanto Alexy quanto outros autores os reformulam no âmbito da inferência lógica. Nesse aspecto, o destino da analogia é exemplar (R. Alexy, *A Theory of Legal Argumentation, op. cit.*, pp. 280 ss.): "Ela pode ser tratada como uma variante da regra de universalização comum ao discurso prático geral e ao jurídico" (*Ibid.*, p. 282).

nidade de lembrar que a interpretação daquilo que conta como fato, e como fato pertinente no raio de investigação do caso em questão, concerne no mesmo grau tanto a chamada justificação interna quanto a chamada justificação externa. Os "fatos" de determinado caso, não só sua apreciação, mas sua simples descrição, são objeto de múltiplas disputas legais nas quais, mais uma vez, a interpretação da norma e a interpretação dos fatos se sobrepõem. Também neste caso, é legítimo lembrar Dworkin, quando ele repete com insistência que os "fatos" de um caso não são fatos brutos, mas estão impregnados de sentidos, portanto interpretados.

Pode-se situar na terceira posição, sempre no plano da justificação das premissas, os recursos e os empréstimos à teoria jurídica, àquilo que Alexy chama de dogmática jurídica. Aqui se impõe um paralelo com a distinção introduzida por Dworkin entre *regra* e *princípio*. Ora, pudemos notar com ele como o recurso a princípios difere do recurso a regras. A regra coage; os princípios "inclinam", "pesam" em maior ou menor grau a favor de determinada tese etc.

É nesse estágio que se pode compreender o recurso àquilo que, desde Savigny, com *Système du droit romain contemporain* (1840), é chamado de "cânones de interpretação". Certamente é possível dar-lhes uma versão formal, dizendo que eles consistem em interpretar a norma N em termos de W. Essa interpretação pode reduzir-se a uma simples disputa semântica, mas também pode pôr em jogo um argumento "genético" quando a intenção do legislador é invocada em relação com a distinção entre o espírito e a letra de uma norma. Também aqui Alexy cruza com Dworkin sem saber. Nada está mais sujeito à contestação do que a menção da intenção do legislador: o legislador por acaso quis que N fosse interpretado em termos de W? Porventura tinha em vista algum objetivo ulterior para além da norma N? Assim, na qualidade de razão entre outras, um argumento que mencione a intenção do legislador está submetido ao "peso". De qualquer modo, ainda que conhecida, nenhuma intenção é unívoca. Nesse aspecto, todos os argumentos "genéticos" ou de *pedigree,* como diz Dworkin, devem ser arrolados na mesma rubrica dos argumentos históricos ou comparativos. Por fim, o recurso à teoria e aos chamados argumentos sistemáticos não afasta da hermenêutica, mas a ela leva, curiosamente, por seus aspectos múltiplos de plurivocidade.

Por fim, deve-se dar um destino especial ao argumento do precedente[18]. Em certo sentido, não se trata de justificação externa, uma vez que o precedente, depois de reconhecido como caso semelhante, não põe em jogo nenhum outro critério além do critério de sua aptidão à universalização (tratar de modo semelhante casos semelhantes). Mas é o reconhecimento da semelhança que cria um problema; dizer que determinada solução cria precedente já é realizar uma seleção no *thesaurus* das sentenças judiciais. E em que aspecto dois casos são semelhantes? Voltamos ao "peso" respectivo das semelhanças e das diferenças. Caso se entrasse em acordo acerca destas, restaria a questão de saber que semelhanças e que diferenças são pertinentes no caso considerado. Evidentemente, pode-se adotar como regra atribuir o ônus da argumentação àquele que contesta um precedente já estabelecido e defende uma exceção. Nesse aspecto, Perelman invocava uma espécie de princípio de inércia em apoio ao apelo ao precedente: em vista da inércia do julgamento adotado, é preciso ter boas razões para desviar-se da inclinação adotada. O precedente garante estabilidade, segurança e confiança à tomada de decisão. Aqui os formalistas observam que essa justificação demasiadamente sociológica do recurso ao precedente não resolve o problema da estrutura argumentativa do precedente. Têm razão. Mas é precisamente essa estrutura argumentativa que mobiliza a interpretação. O precedente remete à similaridade, que não é dada nem inventada, mas construída. No vocabulário de Dworkin, é um caso de interpretação construtiva. Argumentar a favor ou contra pressupõe pôr à prova pela imaginação a hipótese da semelhança ou da diferença.

---

18. R. Alexy, *A Theory of Legal Argumentation, op. cit.,* pp. 274-9.

Por fim, sem dúvida é preciso abrir espaço – como reivindica Atienza – para os casos insolúveis no estado presente do direito; Dworkin sem dúvida foi longe demais quando afirmou que há sempre uma resposta justa para a questão apresentada pelos *hard cases,* isto para contrapor-se aos recursos invasivos ao poder discricionário numa concepção positivista do direito. Os casos trágicos de que gosta de falar Atienza de fato implicam um sentido dificilmente formalizável de eqüidade ou – poderíamos dizer –, um sentido de justeza mais do que de justiça.

Chegando ao fim desta discussão, o leitor talvez convenha comigo que a imbricação entre a argumentação e a interpretação, no plano judiciário, é realmente simétrica à imbricação entre explicação e compreensão no plano das ciências do discurso e do texto. Em contraposição a uma abordagem puramente dicotômica da polaridade famosa, no passado eu concluíra minha defesa do tratamento dialético com uma fórmula em forma de aforismo: "Explicar *mais* para compreender *melhor.*" Como conclusão do debate entre interpretação e argumentação, proponho uma fórmula parecida que restitui à *epistemologia do debate judiciário* sua unidade complexa. O ponto no qual interpretação e argumentação se interseccionam é o ponto no qual se cruzam o caminho regressivo e ascendente de Dworkin e o caminho progressivo e descendente de Alexy e Atienza. O primeiro tem como ponto de partida a questão espinhosa proposta pelos *hard cases* e daí se eleva para o horizonte ético-político da "empreitada judiciária" considerada em sua estruturação histórica. O segundo começa de uma teoria geral da argumentação válida para toda e qualquer forma de discussão prática normativa e encontra a argumentação jurídica como província subordinada. O primeiro caminho atinge a encruzilhada comum no momento em que a teoria da interpretação depara com a questão proposta pelo próprio modelo narrativo dos critérios de coerência do julgamento em matéria jurídica. O segundo a atinge quando, para dar conta da especificidade da argumentação jurídica, os procedimentos de interpretação encontram pertinência a título de *órganon* do silogismo jurídico em virtude do qual um caso é colocado sob uma regra. Ademais, arrisquei-me a sugerir outra analogia, além da analogia da dialética entre explicar e compreender, a saber, a do juízo reflexivo no sentido da *Critique de la faculté de juger,* sendo a interpretação o caminho seguido pela imaginação produtora quando o problema já não consiste em aplicar-se uma regra conhecida a um caso que se suponha corretamente descrito, como no juízo determinante, mas em "encontrar" a regra *sob* a qual seja apropriado colocar um fato que exija interpretação. Então, caberia mostrar que não se muda realmente de problemática quando se passa da analogia entre o par interpretar/argumentar e o par compreender/explicar para a analogia com o juízo reflexivo. Isso seria objeto de outra discussão, cujo eco se encontra em outro ensaio deste volume[19].

---

19. Cf. acima pp. 133 a 151, "Juízo estético e juízo político segundo Hannah Arendt". Ao longo desse ensaio, dava-se a entender que a teoria kantiana do juízo reflexivo, ilustrado na famosa terceira *Critique* pela análise do juízo de gosto e do juízo teleológico, podia receber outras aplicações além das propostas por Kant, seguindo-se o caminho aberto por Hannah Arendt em sua obra inacabada *Julgar*. A epistemologia do debate judiciário poderia constituir outra dessas extensões fora do quadro traçado por Kant, ao lado, por exemplo, do juízo histórico e do juízo médico.

O ato de julgar

Foi no ponto terminal da troca de argumentos em que consiste o processo que eu quis me colocar para tratar do assunto proposto: é realmente no fim da deliberação que se situa o ato de julgar. O que proponho discutir é uma espécie de fenomenologia desse ato.

Distinguirei uma finalidade de curto prazo, em virtude da qual julgar significa deslindar para pôr fim à incerteza; a ela oporei uma finalidade de longo prazo, mais dissimulada sem dúvida, a saber, a contribuição do julgamento para a paz pública. O que proponho efetuar é o percurso da finalidade de curto prazo à finalidade de longo prazo.

Julgar – cabe dizer para começar – é deslindar; essa primeira finalidade põe o ato de julgar, no sentido judiciário da palavra, a saber, *estatuir na qualidade de juiz,* no prolongamento do sentido não técnico, não judiciário do ato de julgar, cujos componentes e critérios vou lembrar rapidamente.

No sentido usual da palavra, o termo *julgar* abrange uma gama de significados principais que proponho classificar segundo o que eu chamaria de ordem de densidade crescente. Primeiramente, no sentido fraco, julgar é opinar; expressa-se uma opinião a respeito de alguma coisa. Num sentido um pouco mais forte, julgar é avaliar; introduz-se assim um elemento hierárquico que expressa preferência, apreciação, aprovação. Um terceiro grau de força expressa o encontro entre o lado subjetivo e o lado objetivo do julgamento;

lado objetivo: alguém considera uma proposição verdadeira, boa, justa, legal; lado subjetivo: adere a ela. Por fim, num nível mais profundo, ao qual se restringe Descartes em sua *Quatrième Méditation*, o julgamento procede da conjunção entre entendimento e vontade: o entendimento que considera o verdadeiro e o falso; a vontade que decide. Assim, atingimos o sentido forte da palavra julgar: não só opinar, avaliar, considerar verdadeiro, mas, em última instância, tomar posição. É desse sentido usual que podemos partir para chegarmos ao sentido propriamente judiciário do ato de julgar.

No sentido judiciário, realmente, o julgamento intervém na prática social, no nível do intercâmbio discursivo que Jürgen Habermas associa à atividade comunicacional, ensejada pelo fenômeno fulcral dessa prática social constituída pelo processo. É no âmbito do processo que o ato de julgar recapitula todos os significados usuais: opinar, avaliar, considerar verdadeiro ou justo, por fim, tomar posição.

Surge então a questão das condições nas quais o ato de julgar, em sua forma judiciária, pode ser considerado autorizado ou competente. Em meu artigo "O justo entre o legal e o bom[1]", eu considerei quatro condições:

1. existência de leis escritas;
2. presença de um âmbito institucional: tribunais, cortes de justiça, etc.;
3. atuação de pessoas qualificadas, competentes, independentes, que dizemos "encarregadas de julgar";
4. o curso de uma ação constituído pelo processo, mencionado um pouco acima, cujo ponto terminal é constituído pelo pronunciamento da sentença.

Sem dúvida, para além dessa decisão final, ainda é possível deliberar, no sentido de que todo julgamento enseja, para além de si mesmo, um "mas"; no entanto, é característica do julgamento no plano judiciário interromper o jogo e o contrajogo dos argumentos, pondo-lhes um ponto final,

---

1. Paul Ricoeur, *Lectures I. Autour du politique,* Seuil, 1991, pp. 176-95.

ainda que este seja provisório, pelo menos enquanto permanecerem abertas as vias de recurso; mas, no final, haverá em algum lugar ou em algum momento uma última decisão que será sancionada pelos poderes públicos.

Antes de mostrar por que não podemos nos restringir a essa definição do ato de julgar, inteiramente delimitada pelas condições do processo, é importante ressaltar a necessidade social vinculada àquela finalidade que chamamos de curto prazo, consistente na interrupção da incerteza. Nos limites estritos do processo, o ato de julgar aparece como a fase terminal de um drama com várias personagens: as partes ou seus representantes, o ministério público, o juiz, o júri popular etc. Além disso, esse ato terminal se mostra como o fechamento de uma evolução aleatória; nesse aspecto, ocorre o mesmo que se verifica no desenvolvimento de uma partida de xadrez; as regras do jogo são conhecidas, mas ignora-se a cada vez de que modo a partida chegará ao fim; o processo está para o direito assim como a partida de xadrez está para as regras: nos dois casos, é preciso ir até o fim para conhecer a conclusão. É assim que a decisão põe fim a uma deliberação virtualmente indefinida. Apesar das limitações de que falaremos em breve, o ato de julgar, suspendendo as incertezas do processo, exprime a força do direito; ademais, ele profere o direito numa situação singular.

Por meio da relação dupla que mantém com a lei, o ato de julgar expressa a força do direito. Por um lado, ele parece simplesmente aplicar a lei a um caso; é aquilo que Kant chamava de juízo "determinante". Mas também consiste numa interpretação da lei, uma vez que nenhum caso é simplesmente a exemplificação de uma regra; continuando na linguagem kantiana, podemos dizer que o ato de julgar é da alçada do juízo "reflexivo", o que consiste em buscar uma regra para um caso novo. De acordo com esta segunda acepção, a decisão de justiça não se limita a pôr termo a um processo; ela abre caminho para toda uma trajetória jurisprudencial uma vez que cria um precedente. O aspecto suspensivo do ato de julgar ao cabo de um percurso deliberativo, portanto, não esgota o sentido desse ato.

Antes de ampliar meus comentários, quero dizer também que, considerado nos limites estreitos do processo, o exercício do ato de julgar se situa facilmente num funcionamento geral da sociedade, considerada por Rawls como um vasto sistema de distribuição de partes. De fato, é sob a égide da idéia de justiça distributiva que o ato de julgar se deixa representar; dada sociedade desenvolve um esquema de distribuição de partes, nem todas medidas em termos monetários atribuíveis à ordem mercantil. Dada sociedade distribui bens de todas as espécies, mercantis ou não. Tomado em sentido lato, o ato de julgar consiste em a-partar esferas de atividade, de-limitar as pretensões de um e as pretensões de outro e, finalmente, em corrigir as distribuições injustas, quando a atividade de uma parte consiste na usurpação do campo de exercício das outras partes. Nesse sentido, o ato de julgar consiste realmente em separar; o termo alemão *Urteil* o expressa bem (*Teil* quer dizer parte); trata-se realmente de estabelecer a parte de um e a parte de outro. O ato de julgar, portanto, é aquele que a-parta, se-para. Com isso não estou dizendo nada de muito extraordinário, uma vez que a antiga definição romana *suum cuique tribuere* – atribuir a cada um o que é seu – orientava implicitamente para a análise aqui proposta. Assim também, toda a filosofia do direito de Kant se baseia nessa distinção entre "o meu" e "o teu", no ato que traça uma linha entre um e outro.

Essas últimas considerações sobre o ato de deslindar, no sentido de separar, abrem caminho para a ampliação decisiva anunciada no início dessa exposição. Por que não podemos nos deter naquilo que chamamos de finalidade de curto prazo do ato de julgar, a saber, pôr termo à incerteza? Porque o próprio processo não passa de forma codificada de um fenômeno mais amplo, que é o conflito. Portanto, cumpre recolocar o processo, com seus procedimentos específicos, no plano de fundo de um fenômeno social mais considerável, inerente ao funcionamento da sociedade civil e situado na origem da discussão pública.

É até aí que cumpre ir: atrás do processo há o conflito, a pendência, a demanda, o litígio; e no plano de fundo do conflito há a violência. O lugar da justiça encontra-se assim marcado em negativo, como que fazendo parte do conjunto das alternativas que uma sociedade opõe à violência, alternativas que, ao mesmo tempo, definem um Estado de direito. Em *Lectures I*, presto homenagem a Éric Weil que introduz sua grande obra *Logique de la philosophie* com uma longa meditação sobre a relação entre discurso e violência. De certo modo, todas as operações às quais fizemos alusão, desde a fase de deliberação até a tomada de decisão, até a sentença, manifestam a escolha do discurso contra a violência.

Só se mede plenamente o alcance dessa opção contra a violência e a favor do discurso quando se toma consciência da amplitude do fenômeno da violência. Seria errôneo reduzir a violência à agressão, mesmo ampliada para além da agressão física – golpes, ferimentos, morte, entraves à liberdade, seqüestros etc.; também é preciso levar em conta a forma mais tenaz de violência, a saber, a vingança, em outras palavras, a pretensão do indivíduo de fazer justiça com as próprias mãos. No fundo, a justiça se opõe não só à violência pura e simples, à violência dissimulada e a todas as violências sutis às quais acabamos de aludir, mas também a essa simulação de justiça constituída pela vingança, pelo ato de fazer justiça com as próprias mãos. Nesse sentido, o ato fundamental pelo qual se pode dizer que a justiça é alicerçada numa sociedade é o ato por meio do qual a sociedade priva os indivíduos do direito e do poder de fazer justiça com as próprias mãos – o ato pelo qual o poder público confisca para si mesmo esse poder de proferir e aplicar o direito; aliás, é em virtude desse confisco que as ações mais civilizadas da justiça, em especial na esfera penal, ainda contêm a marca visível da violência original que é a vingança. Em muitos aspectos, a punição – sobretudo se conservar algo da velha idéia de expiação – continua sendo uma forma atenuada, filtrada e civilizada de vingança. Essa persistência da violência-vingança permite-nos chegar ao sentido da justiça tão-somente pelo desvio do protesto contra a injustiça. O grito "É injusto!" expressa muitas vezes uma intuição mais clarividente sobre a natureza verdadeira da sociedade e o lugar nela ocupado ainda pela violência, do que qualquer discurso racional ou razoável sobre a justiça.

Chegados a este ponto, apresenta-se a questão da finalidade mais última do ato de julgar. Retomando a análise do ato de julgar a partir da ação considerável que consistiu em o Estado privar os indivíduos do exercício direto da justiça, sobretudo da justiça-vingança, fica claro que o horizonte do ato de julgar está mais *na paz social* do que na segurança. De que modo essa finalidade última repercute na definição inicial do ato de julgar com sua finalidade próxima, a saber, pôr fim à incerteza deslindando o conflito? Deslindar, como dissemos, é separar, traçar uma linha entre "o teu" e "o meu". A finalidade da paz social deixa transparecer nas entrelinhas algo mais profundo, referente ao reconhecimento mútuo; não diremos reconciliação; falaremos muito menos de amor e perdão, que já não são grandezas jurídicas; preferimos falar de *reconhecimento.* Mas em que sentido? Acredito que o ato de julgar atinge seu objetivo quando aquele que – como se diz – ganhou o processo ainda se sente capaz de dizer: meu adversário, aquele que perdeu, continua sendo como eu um sujeito de direito; sua causa merecia atenção; ele tinha argumentos plausíveis e estes foram ouvidos. Mas o reconhecimento só estaria completo se a coisa pudesse ser dita por aquele que perdeu, por aquele que foi contrariado, condenado; ele deveria poder declarar que a sentença que o contraria não era um ato de violência, mas de reconhecimento.

A que visão da sociedade essa reflexão nos conduz? Um pouco mais longe, parece-me, do que a concepção da sociedade como distribuidora de partes que sempre cumpriria apartar a fim de determinar qual é a parte de um e qual a do outro. Seria a visão da sociedade como *esquema de cooperação*; afinal, essa expressão figura nas primeiras linhas de *Théorie de la justice* de John Rawls[2], obra na qual prevalece,

---

2. John Rawls, *Théorie de la justice,* Paris, Seuil, 1987.

porém, a análise da sociedade como sistema de distribuição. A pergunta merece ser formulada: o que faz da sociedade algo mais do que um sistema de distribuição? Ou melhor: o que faz da distribuição um órgão da cooperação? É aqui que se precisa levar em conta um componente mais substancial do que o puro procedimento judiciário, a saber, algo como um bem comum, que consiste em valores compartilhados; estaríamos diante da dimensão comunitária subjacente à dimensão puramente procedimental da estrutura social. Aliás, talvez encontrássemos na metáfora da partilha os dois aspectos que estou tentando aqui coordenar; na partilha há parte, a saber, aquilo que nos separa: minha parte não é sua parte; mas a partilha é também aquilo que nos faz compartilhar, ou seja, no sentido forte da palavra: tomar parte em...

Portanto, considero que o ato de julgar tem como horizonte um equilíbrio frágil entre os dois componentes da partilha: o que aparta minha parte da sua e o que, por outro lado, faz que cada um de nós tome parte na sociedade.

É essa justa distância entre os parceiros defrontados, próximos demais no conflito e distantes demais na ignorância, no ódio e no desprezo, que resume bem, a meu ver, os dois aspectos do ato de julgar: por um lado, deslindar, pôr fim à incerteza, separar as partes; por outro, fazer que cada um reconheça a parte que o outro toma na mesma sociedade, em virtude da qual o ganhador e o perdedor do processo seriam considerados como pessoas que tiveram sua justa parte nesse esquema de cooperação que é a sociedade.

Condenação, reabilitação, perdão

Os responsáveis pelo colóquio *Justice et vengeance*[1] confiaram-me a tarefa de introduzir a seção situada sob a égide das três palavras "condenação, reabilitação, perdão". Aqui como em situações análogas, a contribuição de um filósofo parece-me ser a contribuição de um analista, preocupado em dar um esclarecimento conceitual, em ajudar a reconhecer o que está em jogo e em distinguir as finalidades. Numa primeira abordagem, o que se apresenta a nosso exame é uma trajetória: trajetória que começa com a condenação (a saber: alguém é condenado), prolonga-se, em certas circunstâncias e em certos limites que devem ser definidos, num projeto de recuperação (a saber: alguém recupera direitos, uma capacidade cívica ou jurídica perdida), por fim, em circunstâncias ainda mais específicas, alguém é beneficiado por um perdão que não lhe é devido: alguém renunciou a puni-lo, ele recupera a estima pública e a auto-estima.

Tudo isso numa primeira abordagem.

Não demora, e surge uma dúvida: trata-se de uma trajetória contínua? As instâncias habilitadas a condenar, a reabilitar e a perdoar são as mesmas? A isso se soma uma dúvida anexa: trata-se de um mesmo sujeito, continuamente passivo, sobre o qual se diz *é* condenado, *é* reabilitado, *é* per-

---

1. *Justice et vengeance*, colóquio organizado em 30 de abril de 1994 pelo jornal *la Croix, l'Événement,* Paris, Éditions du Centurion, 1994, pp. 93-107.

doado? Para responder a essas dúvidas, somos obrigados a remontar às origens. O que se dá como primeiro termo da tríade descontínua e aleatória de condenação, reabilitação e perdão é, na realidade da experiência judiciária, o último tema de uma seqüência mais bem encadeada, ao longo da qual se decide e ganha corpo aquilo que está em jogo em toda a nossa interrogação, a saber, a diferença entre *vingança* e *justiça*. No momento da condenação, algo de essencial já entrou em jogo: a sentença foi ditada; o sujeito considerado formalmente inocente é declarado efetivamente culpado, portanto punível, portanto submetido à pena. Como começa tarde demais, a trajetória proposta deixa atrás de si a separação que nos preocupa aqui, entre justiça e vingança.

A razão disso é que essa separação ocorreu anteriormente à condenação, no *processo.* E a própria condenação só adquire o sentido de penalidade porque encerra e decide o processo. Portanto, é na estrutura do processo, tal como este deveria desenrolar-se num Estado de direito, que se deve buscar o princípio da separação entre vingança e justiça. Às vezes se diz que vingar-se é fazer justiça com as próprias mãos. Não, a palavra justiça não deveria figurar em nenhuma definição da vingança, ressalvando-se um sentido arcaico e sagrado de uma justiça integralmente vingativa, vingadora, com a qual será preciso explicar-se em última instância. Por enquanto, ficaremos com a vingança elementar, emocional, selvagem, aquela que deseja inscrever a punição na própria esteira do crime. A questão é então saber por quais meios, com quais recursos, em nome de que instância, o processo estabelece uma ruptura com aquela vingança.

Antes de decompor o processo em seus elementos estruturais, é possível caracterizá-lo globalmente nos seguintes termos: ele consiste em estabelecer uma *justa distância* entre o delito que desencadeia a cólera privada e pública e a punição infligida pela instituição judiciária. Enquanto a vingança cria um curto-circuito entre dois sofrimentos, o da vítima e o infligido pelo vingador, o processo se interpõe entre os dois, instituindo a justa distância de que acabamos de falar.

I

A questão é então recapitular os meios pelos quais o exercício do direito penal instaura a separação entre a violência e a palavra da justiça[2]. Quatro elementos parecem constituir as condições estruturais de todo debate.

1. Primeiramente, está pressuposto um *terceiro*, que não é parte do debate e está qualificado para abrir um espaço de discussão. Com esse título geral de terceiro, é possível situar três instâncias distintas: em primeiro lugar, a instituição de um Estado distinto da sociedade civil e, por isso, detentor da violência legítima (múltiplas variantes históricas são capazes de expressar essa relação entre o poder estatal e a sociedade civil segundo a natureza do consenso estabelecido entre os grupos componentes desta última); em segundo lugar, deve-se considerar como terceiro a instituição judiciária, distinta dos outros poderes do Estado (também aqui, a relação é variável, segundo o modelo de separação dos poderes ou das autoridades); não se deve deixar de acrescentar como terceiro constituinte do *terceiro* o modo específico de recrutamento do pessoal judiciário; o terceiro assume aqui a figura humana do juiz. É importante colocá-lo em cena desde o início, visto que os juízes são homens como nós, mas elevados acima de nós para deslindar conflitos, ao cabo de provas qualificadoras destinadas a concorrer para a aceitabilidade da sentença, ao que daremos grande importância adiante.

2. O próprio terceiro só se encontra na posição não partidária exigida porque ligado a um *sistema jurídico* que qualifica o terceiro estatal como Estado de direito. Esse sistema jurídico consiste essencialmente em leis escritas, e a inscrição e a conservação dessas leis representam uma conquista cultural considerável, graças à qual o poder estatal e o poder jurídico são conjuntamente instaurados. Cabe às

---

2. Muito da análise que se segue eu devo a Denis Salas, *Du procès pénal*, Paris, PUF, 1992, pp. 216-62.

leis, por um lado, definir os delitos, por outro, estabelecer uma proporção entre o crime e o castigo. A primeira operação contribui para o distanciamento da violência, ao possibilitar a qualificação dos delitos como infrações definidas e denominadas do modo mais unívoco possível. Além disso, o estabelecimento de uma dupla escala de delitos e condenações, segundo uma regra de proporcionalidade, somando-se à qualificação dos delitos, possibilita situar todo ato incriminado com a maior precisão possível, não só no mapa, mas também na escala dos delitos.

3. Vem em terceiro lugar o componente essencial que dá título à estrutura inteira, a saber, o *debate*. Sua função é conduzir a causa pendente de um estado de incerteza a um estado de certeza. Para tanto, é importante que o debate ponha em cena uma pluralidade de protagonistas – juiz, promotor, advogados das partes – que, juntos, contribuem para a instauração daquilo que se chamou de justa distância, desta vez entre autor e réu. Essa consideração da pluralidade dos protagonistas do debate faz uma correção importante na idéia simples do terceiro julgador. A separação instaurada por essa *célula de debate* transforma a vítima de carne e osso e o presumido culpado em "partes do processo", em demandante e acusado. Mas o essencial ainda não foi dito: é importante que o debate seja oral e contraditório, bem como estabelecido nesse estado por um procedimento conhecido que se imponha a todos os seus protagonistas. O debate apresenta-se então como um combate verbal: argumento contra argumento, sendo as armas iguais e as mesmas para ambas as partes. Por fim, não se pode deixar de ressaltar que o sujeito passivo de nossa primeira abordagem – alguém *é* julgado – é promovido pelo debate a *ator* do processo. Adiante, dimensionaremos a importância dessa mutação, quando percorrermos a seqüência proposta da condenação à reabilitação e ao perdão.

4. Algumas palavras para terminar com o quarto componente estrutural do processo: a *sentença*. Com ela, a culpa é legalmente estabelecida. Com ela, o réu muda de estatu-

to jurídico: de presumido inocente é declarado culpado. Essa mutação resulta apenas da virtude performativa da palavra que *profere o direito* numa circunstância determinada. Gostaria de insistir, no fim desta primeira parte, na expressão *proferir o direito*. Antes de mostrar adiante a virtude terapêutica no caminho da reabilitação, a palavra que profere o direito tem múltiplos efeitos: põe fim à incerteza; atribui às partes do processo os lugares que determinam a justa distância entre vingança e justiça; por fim – e talvez principalmente – reconhece como atores exatamente aqueles que cometeram a ofensa e sofrerão a pena. Nesse efeito consiste a réplica mais significativa dada pela justiça à violência. Nela se resume a suspensão da vingança.

II

Agora é possível voltar à seqüência proposta a nosso exame: *condenação-reabilitação-perdão*.

Condenação

Ainda não dissemos o essencial sobre a *condenação*, qualificando como sentença o ato terminal do processo. A punição certamente foi investida de caráter penal no fim da cerimônia de linguagem na qual se consumou a ruptura com a vingança, e a violência guinou para a palavra. Sim, o "castigo" foi posto a justa distância do "crime". Mas nao dissemos a *quem a condenação é devida, quais são os destinatários da condenação*. Ora, é a resposta a essa pergunta que dá sentido à sentença na qualidade de condenação penal.

Se percorrermos de novo os componentes estruturais do processo, deveremos dizer que a condenação é devida, em primeiro lugar, à *lei*; evidentemente, não é devida à lei ao invés de ser devida à vítima, mas é devida à vítima porque devida à lei. Kant e Hegel coincidem nesse ponto, com a idéia de que a condenação *restabelece* o direito. Para ambos, a lei expressa o corpo das convenções morais que garantem o consenso mínimo do corpo político, consenso resumido na idéia de ordem. Em relação a essa ordem, toda e qualquer infração é um atentado à lei, uma perturbação da ordem. Pode-se dar uma versão religiosa dessa idéia desde que se vincule a lei a uma ordem imutável, garantida por instâncias divinas; mas aos poucos uma versão profana foi substituindo a idéia de ofensa aos deuses e adquiriu a forma da idéia laicizada de ordem social perturbada, de paz pública ameaçada. Em ambas as versões da transgressão, a punição tem como primeira função reparar uma perturbação pública, em suma, restabelecer a ordem. Hegel dá a esse processo a forma dialética de negação de uma negação: à desordem que nega a ordem responde a negação da desordem que restabelece a ordem[3].

Dito isto, não se poderia fugir à questão de saber em que sentido se pode dizer que a condenação é *devida à vítima*. A resposta parece ser óbvia: a reparação não será devida à pessoa de carne e osso, tanto quanto à lei abstrata ou mais do que a esta? Sem dúvida. Porém, falta dizer no que essa reparação se distingue ainda da vingança. Não caberá passar por um ponto de dúvida, sugerido pela observação desiludida do sábio que medita sobre a validade duvidosa das punições: acaso no saldo cósmico de bens e males estas não acrescentam sofrimento a sofrimento? Punir, no essencial, de uma maneira ou de outra, não é fazer sofrer? E o que dizer das punições que não são absolutamente reparações no sentido de restauração do estado anterior, como ocorre claramente nos assassinatos e nas ofensas mais graves? A punição talvez restabeleça a ordem, mas não devolve a vida. Essas observações desiludidas convidam a pôr a tônica principal no significado moral da condenação; cabe voltar aqui àquilo que foi dito acima sobre a palavra que expressa o direito. Conforme se sugeriu de passagem, a vítima é

---

3. Hegel, *Principes de la philosophie du droit*.

reconhecida publicamente como ser ofendido e humilhado, ou seja, excluído do regime de reciprocidade por aquilo que faz do crime a instauração de uma injusta distância. Esse reconhecimento público é alguma coisa: a sociedade declara o queixoso como vítima ao declarar o acusado como culpado. Mas o reconhecimento pode seguir um percurso mais íntimo, ligado à *auto-estima*. Pode-se dizer aqui que alguma coisa é restabelecida, com nomes diferentes, como honra, reputação, auto-respeito e – gosto de insistir no termo – auto-estima, ou seja, a dignidade vinculada à qualidade moral da pessoa humana. Talvez seja lícito dar mais um passo e sugerir que esse reconhecimento íntimo, ligado à auto-estima, é capaz de contribuir para o *trabalho de luto* com o qual a alma ferida se reconcilia consigo mesma, interiorizando a figura do objeto amado que foi perdido. Aí estaria uma aplicação um tanto inesperada das famosas palavras do Apóstolo: "a verdade vos libertará". É ocioso acrescentar que, nos grandes processos ensejados pelas catástrofes do século, esse trabalho de luto não é oferecido apenas às vítimas, se é que elas ainda existem, mas a seus descendentes, parentes e aliados, cuja dor merece ser honrada. Nesse trabalho de luto, prolongando o reconhecimento público do ofendido, é possível reconhecer uma versão moral, e não mais apenas estética, da *catarse* propiciada, segundo Aristóteles, pelo espetáculo trágico.

Também surge a questão de saber se, com a condenação, não é devida alguma coisa à *opinião pública.* A resposta deve ser positiva. A opinião pública é, primeiro, o veículo; depois, o amplificador; por fim, o porta-voz do desejo de vingança. Portanto, nunca seria demais insistir no efeito da publicidade – no sentido de tornar público –, dada à cerimônia do processo e à promulgação das penas pelos meios de comunicação, entre outros. Essa publicidade deveria consistir numa educação para a eqüidade, disciplinando o impuro desejo vingativo. O primeiro limiar dessa educação é constituído pela *indignação,* cujo nome ainda não se pronunciou, indignação que, mal distinguida da sede de vingança, começa por afastar-se desta tão logo se volte para a dimensão de injustiça do mal cometido. Nesse sentido, a indignação é já medida pelo sentido da lei e afetada pela perturbação pública resultante da infração. Ademais, a indignação tem a virtude de unir a emoção causada pelo espetáculo da lei lesada à emoção provocada pelo espetáculo da pessoa humilhada. É por todos esses motivos que a indignação constitui o sentimento básico a partir do qual a educação do público para a eqüidade tem chances de lograr. Em suma, à opinião pública a condenação também deve algo que certa *catarse* da vingança viria coroar.

Resta a última indagação: em que e até que ponto a condenação é devida ao *culpado,* ao *condenado*? A resposta a essa pergunta condiciona toda a série da seqüência proposta: condenação-reabilitação-perdão. No início de nosso itinerário, o sujeito penal era considerado implicitamente passivo: ser punido, ser reabilitado, ser perdoado são os estados que um réu supostamente percorre. Ora, como já se disse, o processo já fez dele um ator, um protagonista do debate; como poderia ele tornar-se também protagonista, ator da condenação? Não caberia dizer, pelo menos em termos ideais, que a condenação teria atingido seu objetivo, cumprido sua finalidade, se a pena fosse, se não aceita, pelo menos entendida por quem a sofre? Essa idéia-limite, talvez coubesse dizer idéia reguladora, estava implicada pela idéia de *reconhecimento*: reconhecimento do queixoso como vítima, reconhecimento do acusado como culpado. Ora, visto que o reconhecimento prossegue seu trajeto na intimidade do ser ofendido na forma de reparação da auto-estima, o auto-reconhecimento como culpado não será o simétrico esperado desse auto-reconhecimento da vítima? Digo que aí está a idéia reguladora da condenação. Se é que o efeito da condenação deve ter algum futuro, nas formas que chamaremos de reabilitação e perdão, não será preciso que, desde a imposição da condenação, o acusado se saiba reconhecido pelo menos como ser razoável e responsável, ou seja, autor de seus atos? Hegel, já citado, levava o paradoxo a ponto de afirmar que a pena de morte, à qual só um ser humano pode ser submetido, era um modo de "honrar o culpado como ser racional". Certamente temos razões mais fortes de rejeitar a pena de morte – no mínimo pela idéia que temos de um Estado que, limitando sua própria pulsão de vingança, se recusa a comportar-se também como criminoso na forma de carrasco. Pelo menos podemos adotar o argumento de Hegel, de que somente um ser racional pode ser punido. Enquanto a própria condenação não for reconhecida como razoável pelo condenado, não poderá atingi-lo como ser racional. É esse malogro da condenação em concluir seu percurso no âmbito do processo que abre a seqüência pela qual agora enveredaremos.

Reabilitação

Por que querer dar seqüência à condenação? Não se poderia parar por aí, já que a lei, a vítima e a opinião pública estão satisfeitas? O fracasso do reconhecimento da condenação pelo condenado leva-nos para as paragens da noção de justa distância, introduzida já no início desta meditação. A condenação, de modo geral, não será recebida pelo condenado como excesso de distância? Excesso representado, física e geograficamente, pela condição de detento cuja prisão marca a *exclusão* da cidade? E esse excesso não será representado simbolicamente pelas penas acessórias: perda da estima pública e privada, perda de capacidades diversas, jurídica e cívica? Donde a idéia de uma seqüência dada à condenação em vista de reduzir, grau a grau, esse *excesso de distância* e de restabelecer a *justa distância*.

Ao falarem de *reabilitação*, os autores do programa do colóquio talvez não tenham pensado em especial no sentido estritamente jurídico da reabilitação. Mas, se eles tiveram razão de enfatizar o sentido comumente associado a esse termo – a saber, o conjunto de medidas que acompanham a execução da pena, com o objetivo de restabelecer a *capa-*

cidade do condenado a voltar a ser cidadão integral no fim da pena –, não é ocioso, mesmo na falta de qualquer competência jurídica, atentar por um instante às formas propriamente jurídicas da reabilitação, uma vez que a idéia que governa as operações envolvidas é a idéia da recuperação de direitos, capacidades e estatutos jurídicos perdidos pela pessoa.

Cabe aqui considerar duas situações principais. Primeiramente, a reabilitação automática e de *pleno direito* à qual todo condenado tem acesso depois de cumprir a pena e de transcorrer um prazo proporcional ao nível de infração e ao nível da instância que cominou a pena. O novo Código Penal francês (113/16) diz que a reabilitação de pleno direito "apaga todas as incapacidades e perdas". Cabe dar grande destaque ao verbo *apagar*, verbo-chave para o desenrolar da seqüência que termina no perdão. Esse "apagamento" assume caráter de exceção, em se tratando de uma interrupção solene da condenação quando não é de pleno direito. Pensamos aqui nas grandes reabilitações das vítimas de expurgos, constitutivos de *crimes de Estado* realizados por regimes totalitários, cujos efeitos os regimes menos totalitários ou mais democráticos tentam reparar, apagando os vestígios a fim de restabelecer a honra das vítimas ou de quem de direito. Pensamos também na reparação *de erros judiciários* presumidos.

Em vista da raridade dessas situações, trata-se de procedimentos muito complexos da alçada do Código de Processo Penal, que estatuem sobre a qualidade do demandante, a do beneficiário e a da instância de instrução. Não enveredarei por essas questões processuais que nada acrescentam à finalidade visada pela reabilitação de pleno direito que, como vimos, é expressa pelas locuções: apagar incapacidades, restabelecer direitos, ou seja, enfim, restituir uma *capacidade humana fundamental,* a capacidade de cidadão portador de direitos cívicos e jurídicos[4].

Evidentemente, é a essas idéias de apagamento, restabelecimento e restituição que se refere quem tente introduzir

---

4. Ver Mireille Delmas-Marty, *Pour un droit commun*, Paris, Seuil, 1994.

um projeto de reabilitação na *execução da pena*. Trata-se realmente de devolver ao condenado a *capacidade* de voltar a ser um cidadão integral ao fim da pena, portanto de acabar com a exclusão física e simbólica que atinge o auge com o encarceramento.

Não tratarei aqui do exame dos projetos de reeducação em vista da ressocialização dos condenados. Eles são da alçada daquilo que se poderia chamar de pedagogia da pena. Limitar-me-ei a algumas propostas capazes de contribuir para o esclarecimento conceitual do termo reabilitação, na linha geral de minha exposição. Proporei, para começar, uma reflexão sobre a proposta, feita por Antoine Garapon, entre outros, de introduzir o conceito de *continuidade do espaço público*, a fim de inserir o espaço carcerário no interior, e não no exterior da cidade; abordarei apenas uma aplicação especialmente marcante desse conceito que, ao menos pelo que sei, é ainda bem novo. Por acaso as infrações cometidas no espaço carcerário não deveriam ser da competência dos mesmos tribunais das infrações cometidas no espaço de jurisdição do Estado? Outro componente da reeducação para a sociabilidade: seria preciso colocar num único âmbito todos os aspectos *não securitários* da execução da pena, quer se trate de saúde, trabalho, ensino, lazer, direito à visita, ou mesmo de expressão normal da sexualidade etc. A idéia diretiva que reúne as múltiplas medidas pertinentes a essas diversas intervenções continua sendo a de apagamento de incapacidade, de restituição de capacidade. É nessa perspectiva que deveria ser retomada a discussão sobre a *duração das penas*. Se ela não for abordada apenas do ponto de vista securitário, ou seja, da legítima proteção da sociedade, então que se tome aqui em consideração a vivência do tempo da pena pelo prisioneiro; de alguns estudos sobre psicologia do prisioneiro aos quais tive acesso, depreende-se que o tempo da pena é vivido segundo modalidades diferentes, quer se considere o segmento temporal mais próximo do processo, quando o tempo é vivenciado sob a obsessão da lembrança dessa prova, quer o período médio da pena, quando a negociação com o meio carcerário ocupa toda a atenção do prisioneiro, quer o período final da pena, quando as perspectivas de libertação tendem a ocupar todo o seu espaço mental. Daí resulta que o encadeamento dessas figuras sucessivas da vivência do tempo da pena diferem totalmente segundo a duração da pena. Pode-se presumir que, além de certa duração, a execução da pena equivale a um processo de dessocialização acelerada. Uma fera, e não uma pessoa livre, é progressivamente engendrada pela exclusão, em detrimento de qualquer projeto de reinserção. Essa perspectiva preocupante não deixa de ter repercussões sobre os aspectos securitários da execução da pena. Permitam-me dizer a respeito que a noção de "perpetuidade real" constitui uma negação flagrante de qualquer idéia de reabilitação e, nessa qualidade, a negação absoluta de qualquer projeto de restabelecimento, na própria execução da pena, de uma justa distância entre o detento e o restante da sociedade.

Anistia e graça

Não poderíamos passar diretamente da idéia de reabilitação à idéia de *perdão* sem dizer algumas palavras sobre duas disposições que podem ser consideradas intermediárias: a *anistia* e a *graça*. Podemos ser breves em relação a esta última, uma vez que ela consiste numa prerrogativa que tem os mesmos efeitos da reabilitação no que concerne ao apagamento das penas principais e secundárias. Precisamos deter-nos um pouco mais na *anistia*, uma vez que essa espécie de reabilitação não procede da instância jurídica, mas da instância política, a saber, em princípio do Parlamento, ainda que de fato a direção da operação seja monopolizada pelo executivo. Se me detenho um pouco na questão da anistia, é porque, apesar das aparências, ela não prepara de modo algum para a justa compreensão da idéia de perdão. Em muitos aspectos, ela constitui a sua antítese. A anistia, de que o regime republicano francês se tem valido amplamente desde a anistia dos membros da comuna, consiste de fato num apagamento que vai bem além da execução das penas. À proibição de toda e qualquer ação em juízo, portanto à proibição de todo e qualquer processo movido a criminosos, soma-se a proibição de mencionar os próprios fatos com sua qualificação criminal. Trata-se, pois, de uma verdadeira *amnésia institucional* que convida a agir como se o acontecimento não tivesse ocorrido[5]. Vários autores observaram, com alguma preocupação, aquilo que há de mágico e até desesperado na iniciativa de apagar até mesmo os vestígios dos acontecimentos traumáticos; como se fosse possível apagar a mancha de sangue nas mãos de Lady Macbeth! O que se tem em vista? Sem dúvida alguma, a reconciliação nacional. Nesse aspecto, é perfeitamente legítimo reparar pelo esquecimento as lacerações do corpo social. Mas pode ser preocupante o preço que se paga por essa reafirmação (que chamei de mágica e desesperada) do caráter indivisível do corpo político soberano. Faz parte de uma concepção jacobina de Estado, que identifica a racionalidade presumida deste com a universalidade, o apagamento periódico dos vestígios dos delitos cometidos por diversas pessoas, delitos cuja lembrança constituiria a negação viva da pretensão ao Estado racional. O preço é alto. Todos os *delitos do esquecimento* estão contidos nessa pretensão incrível a apagar os vestígios das discórdias públicas. É nesse sentido que a anistia é o contrário do perdão, pois este, como ressaltaremos, exige memória. Cabe então ao historiador (cuja tarefa é singularmente dificultada por essa instauração do esquecimento institucional) contrabalançar discursivamente a tentativa pseudojurídica de apagar fatos. Sua tarefa assume então um tom subversivo, uma vez que com ela vem a exprimir-se a *Nemesis de la trace.*

---

5. S. Gacon, "L'oubli institutionnel", *in* "Oublions nos crimes", revista *Autrement*, n.º 144, abril de 1994, pp. 98-111.

Perdão

É difícil situar corretamente a idéia de *perdão* na trajetória desenhada pelos três termos: condenação-reabilitação-perdão. A seu respeito podem ser ditas duas coisas contraditórias, mas talvez igualmente necessárias ou até complementares, referentes ao nexo entre o perdão e todas as formas jurídicas que englobam a condenação, a reabilitação, a graça e anistia. Por um lado, de fato, o perdão não pertence à ordem jurídica; ele nem sequer pertence ao plano do direito. Caberia falar dele como Pascal fala da caridade no famoso trecho das "três ordens": ordem dos corpos, ordem dos espíritos, ordem da caridade. O perdão escapa ao direito tanto por sua lógica quanto por sua finalidade. De um ponto de vista que se pode dizer epistemológico, ele pertence a uma *economia da dádiva,* em virtude da lógica de superabundância que o articula e que deve ser oposta à lógica de equivalência que rege a justiça; nesse aspecto, o perdão é um valor não só suprajurídico, mas supra-ético. Mas nem por isso escapa ao direito por sua *finalidade.* Para compreendê-lo, é preciso antes dizer *quem* pode exercê-lo. Em termos absolutos, talvez somente a vítima. Nesse aspecto, o perdão nunca é devido. Não só ele não pode ser pedido, como também o pedido pode ser legitimamente negado. Nessa medida, o perdão deve primeiro ter-se encontrado com o imperdoável, ou seja, com a dívida infinita, o dano irreparável. Dito isto, apesar de não devido, ele não deixa de ter finalidade. E essa finalidade tem relação com a memória. Seu "projeto" não é apagar a memória; não é o esquecimento; ao contrário, seu projeto, que é de *anular a dívida,* é incompatível com o de *anular o esquecimento*[6]. O perdão é uma espécie de cura da memória, o acabamento de seu luto; liberta do peso da dívida, a memória fica liberada para grandes projetos. O perdão dá futuro à memória.

---

6. *Le Pardon. Briser la dette et l'oubli,* org. Olivier Abel, Éd. Autrement, 1992.

Dito isto, não é vetado perguntar se o perdão não terá algum efeito secundário sobre a própria ordem jurídica, uma vez que, escapando-lhe, paira sobre ela.

Direi duas coisas a respeito. Por um lado, na qualidade de horizonte da seqüência condenação-reabilitação-perdão, este último constitui uma lembrança permanente do fato de que a justiça é apenas a justiça dos homens, e que ela não poderia arvorar-se em juízo final. Além disso, acaso não poderíamos considerar como repercussão do perdão sobre a justiça todas as manifestações de compaixão e benevolência, no próprio seio da administração da justiça, como se a justiça, tocada pela graça, tivesse em vista na esfera que lhe é própria o extremo que desde Aristóteles chamamos de eqüidade? Por fim, para acabar, gostaria de sugerir a seguinte idéia: não caberá ao perdão acompanhar a justiça em seu esforço de erradicar no plano simbólico o componente *sagrado* da vingança, ao qual aludimos no começo? Na verdade, não é apenas da vingança selvagem que a justiça procura dissociar-se, mas da vingança sagrada, em virtude da qual sangue clama por sangue, vingança que tem pretensão ao título de justiça. No plano simbólico mais profundo, o que está em jogo é a separação entre *Díke*, justiça dos homens, e *Têmis*, último e tenebroso refúgio da equação entre Vingança (com maiúscula) e Justiça (também com maiúscula). Não caberá ao perdão exercer sobre o sagrado malevolente a catarse que dele fará emergir um sagrado benevolente? A tragédia grega, sobretudo *Oréstia*, nos ensinou que as *Erínias* (Vingadoras) e as *Eumênides* (Benevolentes) são as mesmas. Numa síntese fulgurante, Hegel nota em *Principes de la philosophie du droit*[7]:

As Eumênides dormem, mas o crime as desperta.

---

7. Ad. ao § 101.

Consciência e lei
Implicações filosóficas

Este estudo teve origem numa recusa inicial, qual seja, a de me deixar encerrar num dilema aparentemente injuntivo, no qual se oporiam, termo a termo, por um lado a lei – imutável, universal, coercitiva e objetiva – e, por outro, a consciência, considerada variável, circunstancial, espontânea e eminentemente subjetiva.

De algum modo esse dilema se torna rígido quando, além disso, nós o colocamos sob a custódia maléfica de categorias que se infamam mutuamente, tais como o dogmatismo e o situacionismo.

O problema não é apenas refutar esse aparente dilema, mas construir um modelo plausível de correlação entre os termos de uma alternativa paralisante. Para fugirmos a esse aparente dilema, proponho distinguir vários níveis nos quais lei e consciência seriam, a cada vez e de modo diferente, acopladas na constituição progressiva da expressão moral.

I

Num primeiro nível, que se pode chamar fundamental, eu porei do lado do pólo da lei a mais elementar discriminação entre bem e mal, e, do lado da consciência, a emergência de uma identidade pessoal constituída por sua relação com essa primitiva discriminação. Nesse nível fundamental, talvez não convenha falar de lei no sentido forte de obrigação moral, nem de consciência no sentido de obediência ao dever. Num sentido mais próximo de Aristóteles do que de Kant, adotarei, na esteira de meu amigo Charles Taylor em *Sources of the Self*[1], a expressão "avaliações fortes", entendendo com isso as estimativas mais estáveis da consciência comum, estimativas que, com sua estrutura binária, exprimem, cada uma a seu modo, aquilo que se acaba de chamar de discriminação entre bem e mal; nesse aspecto, a experiência moral ordinária dispõe de um vocabulário extraordinariamente rico que confere ao par bom e mau um número considerável de variantes. Pensemos apenas nos pares de termos, tais como: honroso e vergonhoso, digno e indigno, admirável e abominável, sublime e infame, alentador e lastimável, nobre e vil, suave e abjeto, sem esquecermos o par venerável e injustificável, segundo Jean Nabert. É dessa rica coleção que se deve partir para desenvolver as implicações da expressão proposta: avaliação forte.

O termo avaliação exprime o fato de que a vida humana não é moralmente neutra, mas, assim que submetida a exame, segundo preceito de Sócrates, presta-se a uma discriminação básica entre aquilo que é sentido como melhor e aquilo que é desaprovado como pior. Embora o termo lei não convenha nesse nível elementar (pelo menos no sentido estrito de que acabamos de falar), as avaliações fortes apresentam uma série de caracteres que nos põe no caminho do sentido normativo vinculado à idéia de lei. Além do trabalho reflexivo de discriminação expresso pela variedade de predicados avaliativos enumerados acima, é preciso levar em conta tudo o que Taylor coloca sob o título *articulação*, a saber, tentativa de pôr em ordem avaliações fortes, às quais a heterogeneidade qualitativa dos bens visados por seu in-

---

1. Charles Taylor, *Sources of the Self. The Making of the Modern Mind*, Cambridge (Mass.), Harvard University Press, 1989.

termédio impõe certa dispersão; a esse trabalho de coordenação se somam as tentativas de *hierarquização* que possibilitam falar, tal como Charles Taylor, de bens de categoria superior, *hypergoods*; é a essas tentativas que devemos as diversas tipologias de virtudes e vícios que ocupavam o lugar que conhecemos nos tratados de moral dos Antigos, dos medievais e ainda dos moralistas da idade clássica. Essas classificações serviam para identificar o nível mediano da reflexão moral, a meio caminho entre as avaliações fortes, tomadas em sua dispersão espontânea, e o intuito unificador da vida boa, a saber, o querer uma vida realizada, que constitui de algum modo a linha de fuga no horizonte das avaliações fortes.

Aí está, portanto, o que ponho na linha de partida do pólo da lei. O que porei no pólo da consciência? Também aqui seguirei a sugestão de Charles Taylor, acoplando a idéia de *si* (*self*) e a idéia do bem (*good*). Essa correlação exprime o fato de que a pergunta *quem?* – Quem sou eu? –, que governa toda busca de identidade pessoal, encontra um esboço de resposta nas modalidades de adesão com as quais respondemos à solicitação das avaliações fortes. Nesse sentido, seria possível estabelecer uma correspondência entre as diferentes variantes da discriminação de bem e mal e as maneiras de *orientar-se* naquilo que Charles Taylor chama de espaço moral, maneiras de *estar nele* no instante e de *manter-se nele* na duração.

Na qualidade de ser moral, sou aquele que está e se mantém no espaço moral; e a consciência, nesse primeiro nível pelo menos, nada mais é que essa orientação, esse estar e esse manter-se.

A análise que sugiro aqui, numa linha que se pode dizer neo-aristotélica, demonstra até que ponto a pergunta *que devo fazer?* é secundária em relação à pergunta mais elementar de como eu desejaria viver a vida. Digamos, para concluir este primeiro ponto, que a polaridade da qual deriva a polaridade entre lei e consciência pode ser resumida nos termos do par *avaliações fortes–adesão forte*.

II

Passemos ao segundo nível. Assumindo o sentido de obrigação moral e o seu duplo negativo, a proibição, a lei ascende ao status normativo que o uso ordinário lhe atribui. Para a análise que proponho, tirarei proveito do fato de que o termo lei pertence indiferentemente ao registro do direito e ao da moralidade. Veremos adiante até que ponto a compreensão desse elo entre o ético e o jurídico é necessária para a justa apreciação do papel da consciência nesse nível. Proponho então entrarmos na problemática da norma pelo lado da legalidade, para mostrarmos como o movimento com o qual a legalidade remete à moralidade termina na remissão da moralidade à consciência.

Examinaremos três características do legal, uma vez que elas designam o ponto de ancoragem da dialética de interiorização que acabo de mencionar.

Em primeiro lugar, a *proibição* é a face severa que a lei volta para nós. O próprio *Decálogo* é enunciado nessa gramática dos imperativos negativos: não matarás; não darás falso testemunho etc. À primeira vista, seríamos tentados a ver na proibição apenas sua dimensão repressiva, ou, se nos mantivermos na linha de Nietzsche, apenas o ódio ao desejo, nela dissimulado. Corremos então o risco de não levar em conta aquilo que se pode chamar de função estruturadora da proibição. Lévi-Strauss demonstrara isso brilhantemente no caso do interdito talvez mais universalmente proclamado, o do incesto. Proibindo que os homens de certos clãs, tribos ou grupos sociais tomem por parceira sexual a mãe, a irmã ou a filha, o interdito institui a distinção entre o elo social de aliança e o elo simplesmente biológico de geração. Seria possível fazer uma demonstração comparável para a proibição do assassinato, mesmo quando se alega uma justiça vingadora; negando à vítima o pretenso direito à vingança, o direito penal instaura uma justa distância entre duas violências, a do crime e a do castigo[2]. Não seria di-

---

2. Cf. acima, pp. 183 a 197, o ensaio "Condenação, reabilitação, perdão".

fícil fazer a mesma demonstração com a proibição do falso testemunho, que, protegendo o instituto da linguagem, instaura o elo de confiança mútua entre os membros de uma mesma comunidade lingüística.

A segunda característica comum à norma jurídica e à norma moral é a pretensão à *universalidade*. Digo pretensão porque, no plano empírico, as normas sociais variam mais ou menos no espaço e no tempo. Mas é essencial que, a despeito dessa relatividade de fato e através dela, se tenha em vista uma validade de direito. A proibição do assassinato perderia o seu caráter normativo se não a julgássemos válida para todos, em todas as circunstâncias e sem exceção. Se, num segundo momento, procurássemos justificar exceções – quer se tratasse de ajuda à pessoa em perigo, quer da guerra na hipótese controversa de guerra justa, quer, durante milênios, da pena de morte –, essa tentativa de explicar exceções seria uma homenagem prestada à universalidade da regra; é preciso uma regra para justificar a exceção à regra, uma espécie de regra suspensiva, investida da mesma exigência de legitimidade e validade que a regra básica.

A terceira característica que gostaria de focalizar diz respeito ao elo entre a norma e a *pluralidade humana*. O que é proibido e universalmente condenado, em última instância, é toda uma série de danos infligidos a outrem. Um si-mesmo e um outro são assim os protagonistas obrigatórios da norma ético-jurídica. O que está assim pressuposto, tanto pelo direito quanto pela moral, é aquilo que Kant chamava de estado de "insociável sociabilidade", que torna tão frágil o elo inter-humano[3]. Diante dessa ameaça permanente de desordem, a mais elementar exigência do direito – dizia o mesmo filósofo em sua *Doctrine du droit*[4] – é sepa-

---

3. Kant, *Idée d'une histoire universelle au point de vue cosmopolilique,* 4e proposition, trad. L. Ferry, Paris, Gallimard, col. "Bibliothèque de la Pléiade", II, p. 192.

4. Id., *Métaphysique des moeurs*. Primeira parte: *Doctrine du droit,* trad. fr. Philonenko, Paris, Vrin, 1971.

rar o meu do teu. Voltamos à nossa idéia da justa distância, aplicada desta vez à delimitação das esferas concorrentes de liberdades individuais. Devemos ater-nos a essas três características para o bem do argumento que se segue – papel estruturador do interdito, pretensão à validade universal, organização da pluralidade humana –, dando início ao movimento que, remontando da legalidade à moralidade, termina sua trajetória na noção de consciência moral, como contrapartida da lei.

No que se refere à primeira característica, a saber, o papel do interdito, o que distingue fundamentalmente a *legalidade* da moralidade salta à vista; a legalidade só exige obediência exterior, aquilo que Kant chamava de simples conformidade à lei, para distingui-la do respeito à lei por amor ao dever; a esse caráter exterior da legalidade se soma a outra característica que a distingue da moralidade, a saber, a autorização para o corretivo físico, com o objetivo de restaurar o direito, dar satisfação às vítimas, enfim, como se diz, dar a última palavra à lei. Uma vez que a simples conformidade à legalidade se respalda no temor à punição, entende-se por que a passagem da simples legalidade à moralidade verdadeira pode ser comparada a um processo de interiorização da norma.

No que se refere à segunda característica – pretensão da legalidade à universalidade –, a moralidade apresenta uma segunda modalidade de interiorização. À idéia de um legislador exterior opõe-se a idéia de uma *autonomia pessoal,* no sentido forte do termo autonomia, interpretada por Kant como legislação que a liberdade dá a si mesma. Pela autonomia, uma vontade razoável emerge da simples arbitrariedade, situando-se sob a síntese de liberdade e lei. A admiração que se possa ter pelo elogio kantiano à autonomia não deve impedir de avaliar o preço que deve ser pago por essa interiorização da lei tomada sob seu aspecto universal. Somente uma regra formal, tal como a prova de universalização à qual devem submeter-se todos os nossos projetos, todos os nossos planos de vida, enfim, aquilo que Kant chama de máximas da ação, pode pretender à espécie de universalidade de que ordinariamente carece a simples legalidade social.

Esse formalismo, é verdade, encontra uma contrapartida infalível na elevação ao plano da pura moralidade da terceira característica que atribuímos à legalidade, a saber, o papel que a norma exerce na qualidade de princípio de ordem no plano da pluralidade humana. É sobretudo nos discípulos contemporâneos de Kant, em Rawls, em *Théorie de la justice,* em Habermas, em sua *Ética da discussão,* que esse caráter dialógico ou dialogal da norma se expressa. Kant já levava em conta essa pluralidade dos sujeitos morais no segundo imperativo categórico, ordenando tratar-se a humanidade, em nossa própria pessoa e na pessoa do outro, como um fim em si, e não somente como um meio. No entanto, é na idéia de justiça, segundo Rawls, e de argumentação, segundo Habermas, que vemos inteiramente expostas as implicações dialógicas ou dialogais do segundo imperativo categórico, na figura do respeito mútuo que as pessoas devem umas às outras.

Dito isto, não é difícil compreender em que sentido o processo de interiorização, no qual a simples legalidade social se eleva à moralidade, conclui seu percurso na consciência moral. Nesse estágio de nossa meditação, a consciência nada mais é que a obediência íntima à lei como lei, por puro respeito a ela, e não por simples conformidade ao enunciado da regra. A palavra decisiva aqui é respeito. Num capítulo famoso da *Critique de la raison pratique*[5], Kant faz dele o único móbil da vida moral. É um sentimento, de fato, mas o único sentimento que a razão, apenas por sua autoridade, põe em nós. Fazendo eco a Rousseau e a seu célebre elogio à "voz da consciência", Kant vê nesse sentimento ao mesmo tempo a humilhação de nossa sensibilidade ávida de

---

5. Kant, *Critique de la raison pratique,*"Analytique", capítulo III"Des mobiles de la raison pratique", Paris, Gallimard, col."Bibliothèque de la Pléiade", II, p. 695. [Trad. bras. *Crítica da razão prática*, São Paulo, Martins Fontes, 2003.]

satisfações egoístas e a exaltação de nossa humanidade acima do reino animal. Mas não será surpreendente encontrar por trás da expressão voz da consciência todas as características da legalidade social, interiorizadas como pura moralidade. A voz da consciência é, em primeiro lugar, a voz do interdito, estruturador, é verdade, mas rigoroso. Também é a voz do universal, falando-se então em intransigência. Por fim, por trás das características da idéia de justiça e do aguilhão de uma ética da discussão, a voz da consciência acrescenta às características de rigor e intransigência a de imparcialidade. Imparcial, a voz da consciência me diz que toda vida alheia é tão importante quanto a minha, para retomar a fórmula recente de Thomas Nagel em *Equality and Partiality*[6].

Eis aí até onde pode avançar uma meditação sobre a consciência em sua relação com a lei, tomada em seu nível radicalmente formal. Três palavras a definem: rigor, intransigência, imparcialidade.

A questão então é saber se podemos parar aí. O respeito kantiano não é pouca coisa, sobretudo se desenvolvermos as suas aplicações dialógicas, como numa ética da justiça e numa ética da discussão. Mas por acaso as pessoas são realmente reconhecidas em sua singularidade insubstituível, quando o respeito é dirigido mais à lei do que às pessoas, consideradas estas como simples expressão de uma humanidade abstrata? E como o serão, mesmo sob o signo da idéia de imparcialidade, se pusermos entre parênteses as adesões fortes correlativas das avaliações fortes das quais falávamos na primeira parte, sob o horizonte da busca da vida boa? É dessa dúvida que provém a investigação de um terceiro nível da correlação entre lei e consciência.

III

A terceira etapa de nosso percurso será dedicada àquilo que se pode chamar de juízo moral em situação. Por que

---

6. Thomas Nagel, *Égalité et partialité* (1991), trad. fr., Paris, PUF, 1994.

lhe dar um destino diferente? Acaso não se poderia reduzir esse estágio à simples idéia de uma aplicação da norma geral a um caso particular? Mas, além do fato de o juízo moral em situação não se reduzir à simples idéia de aplicação, como veremos adiante, mesmo esta última está longe de reduzir-se à idéia simplíssima que se tem dela. Aplicar uma norma a um caso particular é uma operação extraordinariamente complexa, que implica um estilo de interpretação irredutível à mecânica do silogismo prático. O direito, também aí, constitui uma boa introdução à dialética do juízo moral em situação. O processo complexo ao fim do qual um caso é situado sob uma norma comporta dois processos imbricados de interpretação[7]. Por um lado, o do caso considerado, o problema é reconstituir uma história plausível e verossímil da história, ou melhor, da imbricação de histórias constitutivas daquilo que se denomina caso, ou melhor, causa. Ora, o debate, peça central do processo, revela como é difícil depreender uma narrativa univocamente verdadeira do confronto entre as versões rivais apresentadas pelas partes em litígio. A dificuldade não é menor do lado da norma: nem sempre está imediatamente claro que um caso deve ser enquadrado em determinada norma. Aquilo que se chama de qualificação de um ato litigioso resulta de um trabalho de interpretação aplicado à própria norma. Casos recentes, como o do sangue contaminado, ensinaram-nos como continua controvertida a decisão aparentemente simples de designar no *corpus* jurídico a norma que convém aplicar em dado caso particular. A aplicação, assim, está na encruzilhada de uma dupla cadeia interpretativa, do lado dos fatos e do lado da regra; o juízo em situação surge assim no ponto de intersecção dessas duas linhas de interpretação. Pode-se dizer que argumentação e interpretação são inseparáveis: a argumentação constitui a trama lógica, e a interpretação, a trama inventiva do processo que redunda na tomada de decisão.

---

7. Cf. acima, pp. 153-173, o ensaio "Interpretação e/ou argumentação".

Que dizer da relação entre lei e consciência? Seria um erro acreditar que a idéia de lei desapareceu do juízo em situação. Trata-se, na realidade, de proferir o direito numa circunstância determinada. Nesse aspecto, a sentença proferida não teria significado jurídico se não fosse considerada eqüitativa, no sentido que Aristóteles dá ao termo eqüidade quando a norma é investida de uma singularidade igual à do caso considerado. Quanto à consciência, nada mais é que a íntima convicção que habita a alma do juiz ou do júri, ao pronunciar o julgamento com eqüidade. Nesse aspecto, pode-se dizer que a eqüidade do julgamento é a face objetiva cujo correspondente subjetivo é constituído pela íntima convicção. O elo entre íntima convicção e o ato de fala consistente em proferir o direito numa circunstância particular subtrai o juízo em situação à pura arbitrariedade.

Mas até agora só consideramos uma categoria de juízo moral em situação, a categoria que se pode colocar sob o título da aplicação. Ora, existem muitas outras ocasiões de exercer o juízo moral em situação. A aplicação supõe a existência de um *corpus* de leis relativamente homogêneo e não questionado, pelo menos no momento do processo. Ora, existem numerosas situações mais desconcertantes nas quais a própria referência à lei é problemática. Cumpre, primeiramente, considerar o caso no qual várias normas se confrontam, como se vê na tragédia grega em que, por exemplo, Electra e Creonte servem a grandezas espirituais respeitáveis, mas por um ângulo estreito, que as torna incompatíveis, a ponto de provocar a morte dos antagonistas. O trágico da ação implica aquilo que Sófocles chama *tò phroneîn,* ato de "julgar sabiamente"; é a virtude que Aristóteles elevará a um plano elevado com o nome de *phrónesis,* termo que os latinos traduziram por *prudentia,* e que se pode traduzir por sabedoria prática, ou melhor ainda, por sabedoria de julgamento. A primeira parte deste estudo nos preparou para esse confronto com tais modalidades do trágico da ação, uma vez que as avaliações fortes se relacionam com bens heterogêneos e às vezes concorrentes. É esse trágico da ação que foi esvaziado na concepção totalmente formal de obrigação moral, reduzida à prova de universalização da máxima. Ele também é em grande parte desconsiderado na concepção rawlsiana de justiça, da qual foi retirado o confronto entre bens substanciais, em proveito de uma regra totalmente formal de procedimento. Não é menos desconsiderado numa ética da discussão que também se põe numa perspectiva na qual as convicções são reduzidas a convenções que os protagonistas do debate supostamente superaram, colocando-se numa chamada postura pós-convencional. É próprio de todo formalismo, por meio da eliminação da referência à vida boa, esquivar-se às situações de conflito associadas à avaliação de bens situados no trajeto do desejo de viver bem.

Mas o trágico expulso pela porta volta pela janela, assim que é tomada em consideração a diversidade irredutível dos bens sociais básicos, tal como uma teoria abrangente da justiça não pode deixar de fazer; somos então confrontados com aquilo que, numa teoria renovada de sua teoria da justiça, o próprio Rawls chama de "desacordos razoáveis[8]". Gosto dessa expressão, que enquadra bem a virtude da prudência. A fragmentação dos ideais políticos, das esferas de justiça e, até no domínio jurídico, a multiplicação das fontes de direito e a proliferação dos códigos de jurisdição nos convidam a levar muito a sério essa idéia de desacordo razoável.

As coisas se tornam ainda mais graves, quando não são apenas as normas que entram em conflito, mas quando se defrontam, de um lado, o respeito devido à norma universal e, de outro, o respeito devido às pessoas singulares. Trata-se realmente do trágico da ação, uma vez que a norma continua sendo reconhecida como parte do debate, no conflito que a opõe à preocupação com a miséria humana. A sabedoria de julgamento consiste em elaborar composições frágeis sempre que é preciso decidir não tanto entre o

---

8. Cf. acima, pp. 89 a 110, o ensaio "Depois de *Uma teoria da justiça* de John Rawls".

bem e o mal, e entre o branco e o preto, porém mais entre o cinzento e o cinzento, ou – caso eminentemente trágico – entre o mal e o pior.

Estará a consciência por isso reduzida ao arbitrário, com o qual consentem as morais da contestação situacionista? De modo algum. Assim como o juiz, há pouco encarregado de proferir o direito numa situação singular, também o moralista, diante do trágico da ação, profere o melhor ou o mal menor, tal como aparece ao fim de um debate no qual as normas não pesaram menos do que as pessoas. Nesse sentido, sua íntima convicção tem como defrontante objetivo o *melhor aparente* na circunstância. Além disso, se esse melhor aparente – para manter o vocabulário forjado por ocasião do julgamento jurídico em situação – for oriundo de um jogo cruzado entre argumentação e interpretação, a decisão tomada no fim de um debate de si para consigo, no âmago daquilo que se pode chamar de foro íntimo, merecerá ser chamada de *sábia* porque terá saído de uma célula consultiva, nos moldes de nosso conselho nacional consultivo de ética ou do pequeno círculo que reúne parentes, médicos, psicólogos e religiosos à cabeceira de um moribundo. A sabedoria do julgamento e o pronunciamento do julgamento de sabedoria deveriam ser sempre praticados em grupo. A consciência merece então realmente o nome de *convicção*. Convicção é o novo nome dado à *adesão* forte de nossa primeira análise, depois de ter atravessado o *rigor, a intransigência* e *a imparcialidade* da moral abstrata e de enfrentar o trágico da ação.